ISABELL ESPIG
JESSIKA FICHTEL

Wir haben maximal 18 Sommer mit unseren Kindern –

NUTZEN WIR SIE, UM BLEIBENDE ERINNERUNGEN ZU SCHAFFEN!

ROSA KROKODIL

Rosa Krokodil-Team

Keine Zeit Abenteuer zu verpassen!

Liebe Leserinnen und Leser,

wie schön, dass ihr euch mit uns auf die Suche nach dem passenden Abenteuer für die ganze Familie begebt. Für manche mag es nur ein schöner Kurztrip oder ein spannender Sonntagsausflug sein. Wir sagen: Hier werden Erinnerungen mit den Liebsten geschaffen! Und das ist unsere Herzensangelegenheit.

Weil so eine Kindheit gefühlt nur einen Augenblick lang dauert – zumindest aus Sicht der Erwachsenen - möchten wir das Maximale herausholen.

Der Familien-Reiseführer, den ihr gerade in den Händen haltet, enthält unsere persönliche Lieblings-Sammlung an Abenteuern in Thüringen. Begebt euch mit uns auf eine Entdeckungsreise durch den schönen Freistaat. Wir besuchen Feen, schürfen Gold, wandern auf den Spuren von Dinos und Drachen und übernachten im Heu.

Die Familien-Abenteuer sind von uns selbst getestet und handverlesen. Damit ihr weniger suchen müsst und mehr entdecken könnt.

Viel Spaß beim Abenteuer

Eure
Bella

Erfurter Domplatz

Erfurt

Lasst uns eine Stadtmauer bauen, die Arche Noah erkunden und Käpt'n Blaubär suchen! Die Thüringer Landeshauptstadt hat unglaublich viel für Familien zu bieten. In den malerischen Gassen Erfurts warten jede Menge abwechslungsreiche Abenteuer auf euch.

Schwimmende Hütten auf dem Alperstedter See

Lieblings-Abenteuer in Erfurt

1 **Domplatz**
verwandelt sich im Frühling und Herbst in einen schillernden Rummel

2 **Der Petersberg**
schönste Aussicht und ganz viel Abenteuer-Potenzial

3 **Die Zitadelle**
hier könnt ihr mit Kran, Animation und Geschick eine eigene Stadtmauer bauen

4 **Das Naturkundemuseum**
wie es auf der Arche Noah ausgesehen haben könnte, erfahrt ihr hier

5 **Die KiKA-Figuren**
viele Heldinnen und Helden der Kindheit sind in ganz Erfurt zu finden

6 **Die Krämerbrücke**
bestes Eis, schönster Buchladen, spannendes Puppenspiel

7 **Der egapark**
Thüringens größtes Spieleparadies befindet sich auf dem Gelände des Parks

8 **Das Danakil**
das weltweit erste Wüsten- und Urwaldhaus seiner Art mitten im egapark

9 **Der Spielplatz „BELLA"**
auf dem wirklich alle spielen können, denn er ist barrierefrei

10 **Die Gera-Aue**
ein abenteuerlicher Spielplatz reiht sich an den nächsten

11 **Der Alperstedter See**
hier könnt ihr nicht nur baden, sondern AUF dem Wasser übernachten

Blick vom Petersberg auf
Dom St. Marien und St. Severi Kirche

Wusstest du, dass ...

120

Meter misst die Krämerbrücke. Sie ist die längste durchgehend bebaute und bewohnte Brücke Europas.

500

Präparate zeigt die Ausstellung „Naturschätze Thüringens" im Naturkundemuseum.

16

Seen und etliche Teiche sind durch Kiesabbau im Norden Erfurts entstanden.

3,5

Hektar groß ist der Domplatz und damit einer der größten Marktplätze Deutschlands.

11

Tonnen wiegt die Gloriosa des Erfurter Doms, die größte frei schwingende mittelalterliche Glocke der Welt.

17

Figuren des beliebten KiKA – z. B. die Maus und der Sandmann – sind im Stadtgebiet verteilt.

WISSEN

Kannst du dir vorstellen, dass du beim Flanieren über die Krämerbrücke gleich zwei Flussarme der Gera überquerst?

Spaziergang auf der Krämerbrücke

Die Krämerbrücke ist wie ein magischer Ort aus einer anderen Welt. Hier können sich nicht nur Erwachsene, sondern auch Kinder verzaubern lassen. Wir starten unsere Entdeckungstour am Benediktsplatz.

Theatrum Mundi & Schauwerkstatt

Schon nach wenigen Schritten findet ihr links die Schauwerkstatt von Martin Gobsch. Der Puppenbauer lädt alle Neugierigen dazu ein, ihm beim Arbeiten über die Schulter zu schauen. Doch nicht nur in der winzigen Werkstatt gibt es so viel zu entdecken, sondern auch direkt daneben! Das Theatrum Mundi fasziniert mit seinen mechanisch bewegten Figuren. Gezeigt wird Schneewittchen – für einen Euro in der Kurz- und für zwei Euro in der Langversion.
Krämerbrücke 2, Erfurt

Eiskrämer

Nach all den Eindrücken ist es höchste Zeit für eine Genusspause. Die beste Anlaufstelle hierfür ist der Eiskrämer, der weit über die Grenzen Erfurts hinaus für seine himmlische „Eiskräm" bekannt ist. Gönnt euch neben der frostigen Versuchung unbedingt auch eine der hausgemachten Waffeln. Ihr werdet es nicht bereuen.
Krämerbrücke 15, Erfurt

Buchhandlung Tintenherz

Eine Buchhandlung, in der es nur Kinderliteratur, Spiele und Spielsachen gibt? Ja, auch das könnt ihr auf der Krämerbrücke finden. Die Buchhandlung Tintenherz ist wirklich nicht zu übersehen und könnte auch als Filmkulisse dienen. Sie zu verlassen, ohne etwas zu kaufen, ist nahezu unmöglich.
Krämerbrücke 29, Erfurt

Ägidienturm

Weiter geht's zum anderen Ende der Krämerbrücke, vorbei an vielen spannenden Geschäften. Hier reckt sich der Turm der Ägidienkirche gen Himmel und möchte erklommen werden. Der Aufstieg ist abenteuerlich, belohnt werden die Strapazen natürlich mit einer phänomenalen Sicht über ganz Erfurt. *Wenigemarkt 4, Erfurt*

Hinter der Krämerbrücke

Wenn ihr den kleinen Eisladen durch die Seitentür verlasst, steht ihr am Eingang einer schmalen Gasse. Folgt dieser, um direkt an der Gera euer Eis und den wohl wundervollsten Blick auf die Krämerbrücke zu genießen.

TIPP

KIKA-FIGUREN-SOUVENIRS

Die geballte Ladung KiKA-Kultur und coole Souvenirs erwarten euch im Laden „Erfurt Mitte", Fischmarkt 21.

Sandmann-Figur hinter der Krämerbrücke

Den KiKA-Figuren auf der Spur

Auf dem Erfurter Theaterplatz sagen sich nicht Fuchs und Hase, sondern Herr Fuchs und Frau Elster gute Nacht. Neben diesen beiden Kultfiguren könnt ihr in der Thüringer Landeshauptstadt noch viele weitere eurer Helden finden. Denn Erfurt ist die Heimat von KiKA und damit so etwas wie die deutsche Hauptstadt des Kinderfernsehens.

Alte und neue Fernseh-Ikonen

Ob nun Pittiplatsch auf der Rathausbrücke, Tabaluga neben der Thüringer Staatskanzlei, Maus und Elefant auf dem Anger oder Moppi und Schnatterinchen hinter der Krämerbrücke – an nahezu allen Erfurter Sehenswürdigkeiten könnt ihr die Ikonen des deutschen Kinderfernsehens entdecken. Zu den „alten Stars", die auch Eltern und Großeltern noch aus Kindheitstagen kennen, gesellen sich etliche neuere wie das KiKANiNCHEN auf dem Spielplatz hinter der Krämerbrücke oder die Fledermaus Fidi auf dem Petersberg. Auch waschechte Kultfiguren wie Hein Blöd und Käpt'n Blaubär oder Bernd das Brot dürfen in der Riege der Erfurter KiKA-Figuren keinesfalls fehlen.

Das perfekte Fotomotiv

Unumstrittener Chef der illustren Runde, die sich über die ganze Innenstadt verteilt und mit Rabe Rudi und dem sprechenden Koffer sogar einen Außenposten am Erfurter Flughafen besetzt, ist natürlich das Sandmännchen höchstpersönlich. Dieses sitzt, adrett gekleidet mit rotem Mäntelchen und passendem Hut, auf einer Bank in der Kreuzgasse und bietet damit das perfekte Fotomotiv. Denn während der kleine Mann mit dem weißen Bart seinen Arm auf der Bank ablegt und euch damit regelrecht auffordert, neben ihm Platz zu nehmen, präsentiert im Hintergrund die Krämerbrücke stolz ihre ganze Pracht. Ein schöneres Andenken an einen tollen Tag in Erfurt kann es kaum geben.

TIPP

STADTFÜHRUNG

17 KiKA-Figuren führen euch zu den beliebten Plätzen der Stadt. Den Plan mit allen Figuren gibt es in der Touristinfo.

Maislabyrinth

Aufregender Abenteuerspielplatz, lässige Sommerlocation, abwechslungsreiches Ausflugsziel: Das Maislabyrinth im Erfurter Norden bietet von Ende Juni bis Ende September alles, was Kinder und Erwachsene happy macht. Denn neben der spannenden Buchstaben-Suche im Maisfeld könnt ihr hier nach Lust und Laune Kicker, Volleyball und Tischtennis spielen, im Sand buddeln, auf Strohburgen klettern oder einfach die coole Atmosphäre genießen. Außerdem erwarten euch an einzelnen Tagen besondere Highlights wie riesige Hüpfburgen, flauschige Alpakas oder auch zauberhafte Märchenfiguren. Ähnlich abwechslungsreich und überraschend ist das kulinarische Angebot im Maislabyrinth: von Burger über Flammkuchen bis zur Maissuppe.

Demminer Str. 30, 99091 Erfurt

Luisenpark & Espach Café

Entlang des Flutgrabens und der Gera könnt ihr im **Luisenpark** toben und entdecken, was das Zeug hält. Besteigt doch mal die Terrassen des **Botanisch-dendrologischen Gartens** (was für ein Zungenbrecher!). Oder schlürft das salzige Wasser aus der **Dreienbrunnenquelle** (Vorsicht, gewöhnungsbedürftig!). Sommerliche Erfrischung gibt's im **Dreienbrunnenbad** am anderen Gera-Ufer.

Wenn die Mägen knurren, könnt ihr zurück in Richtung Innenstadt schlendern. Dann kommt ihr automatisch am **Espach Café** vorbei. Das gastronomische Kleinod ist bekannt für leckeren Kuchen. Frühstück gibt's bis 11.30 Uhr und im Obergeschoss findet ihr ein gemütliches Spielzimmer. Wenn ihr bei gutem Wetter einen Platz auf der Terrasse ergattert, können eure Kids den benachbarten Spielplatz erobern.

Espachstraße 3, 99094 Erfurt

Naturkundemuseum

Im Naturkundemuseum werden kleine Kinderaugen riesengroß. Neben zahlreichen Präparaten der heimischen Tierwelt, uralten Fossilien und der funkelnden Mineraliensammlung fasziniert vor allem die Arche Noah. Im Keller des Museums könnt ihr den tierischen Passagieren des schwankenden Holzschiffes ganz nah kommen und unzählige Details erkunden. Eines davon versteckt sich unter der Schiffsbrücke: Ratte Rainer erzählt allen, die es hören wollen, wie die bekannte Bibelgeschichte wirklich abgelaufen ist, und sorgt dabei für reichlich Schmunzeln.

Große Arche 14, 99084 Erfurt

TIPP
MUSEUM

Jeden 1. Dienstag im Monat bekommt ihr freien Eintritt in Erfurts Museen.

TIPP

KINDER-FÜHRUNG

Taucht bei der Taschenlampenführung in die Unterwelt der Stadt ab und entdeckt die geheimnisvollen Gänge der Festung Petersberg.

Interaktive Ausstellung im Besucherzentrum auf dem Petersberg

Ein Abenteuertag auf dem Petersberg

Über dem Marktplatz in Erfurt thront eine der größten barocken Stadtfestungen Mitteleuropas, die ihren Zweck nie erfüllen musste. Die Rede ist natürlich von der Zitadelle auf dem Petersberg.

Zitadelle Petersberg

Hier findet ihr eine super spannende und interaktive Ausstellung, die euch und eure Kinder begeistern wird. Ihr erfahrt, wie die Soldaten auf dem Petersberg vor hunderten Jahren ihre Tage verbrachten und warum es eine Festung brauchte. Das Allerbeste ist der Raum, in dem ihr selbst eine riesige Stadtmauer bauen könnt! Behaut die Steine, sägt das Holz und befördert alles mit einem großen Holzkran. An einer überdimensionalen Leinwand seht ihr dann das Ergebnis eurer Arbeit und – wenn alle Steine aufeinander liegen – bekommt ihr dort einen kunterbunten Konfettiregen. Jetzt bleibt nur noch eine Frage: Wie bekommt ihr die Kinder hier wieder weg? *Petersberg, 99084 Erfurt*

Geheimnisvolle Horchgänge

Die Horchgänge in der Zitadelle Petersberg sollten die Festung vor Eindringlingen schützen. Begebt euch auf eine spannende Führung durch das verwinkelte Labyrinth und erfahrt, wie sich die Soldaten fühlten, wenn sie in den dunklen Gängen an den Mauern lauschten. Tipp: Denkt an festes Schuhwerk und warme Kleidung.

Spielplatz & Himmelsschaukel

Das gesamte Gelände lädt zum Spazieren und Entdecken ein und so kann man gut und gern einen ganzen Nachmittag auf dem Petersberg verbringen. Der Abenteuerspielplatz und die Himmelsschaukel sind echte Highlights.

Erfrischung & Sommerpicknick

Auf dem Plateau gibt es viele Grünflächen und lauschige, ungestörte Plätzchen für entspannte Picknick-Pausen. Im Sommer solltet ihr unbedingt Wechselsachen einpacken, denn beim Wasserspiel ist kein Kind mehr zu halten. Tipp: Genießt doch mal den Sonnenuntergang auf dem Petersberg, belohnt werdet ihr mit einem wundervollen Blick über die Landeshauptstadt.

Hirsch Heinrich Sommergarten

Gastro-Tipps für Familien

1

Hirsch Heinrich Sommergarten

Der gemütliche Biergarten ist eine richtig coole Location für den Sommer mit einem maximal gemütlichen und kreativen Ambiente mitten im Hirnzigenpark. Eine kleine Oase abseits des Innenstadt-Trubels, die perfekt für Kultur- und Naturfans ist. Kinder dürfen sich frei bewegen, Tischtennis spielen, klettern, an der Kinderküche kleckern oder einfach Sandburgen bauen.

Rubensstraße 36, 99099 Erfurt

2

Familiencafé Erfurt

Stellt euch einen Ort vor, wo Erwachsene ganz in Ruhe ihren noch heißen Kaffee trinken und frische Waffeln essen können und die Kinder in der Zwischenzeit spielen. Genau das erhofft man sich als Eltern von einem Café und genau das bekommt ihr im Familiencafé Erfurt. Entspannte Atmosphäre, leckere Speisen und Getränke und kreative Spielräume für Babys und Kleinkinder.

Marbacher Gasse 35–37, 99084 Erfurt

3

Café Füchsen

Die Lage vom Café Füchsen könnte kaum besser sein, für einen Zwischenstopp während des Stadtbummels. Ihr findet das charmante Café hinter der Krämerbrück, direkt am KiKA-NiNCHEN-Spielplatz. Neben dem leckeren Frühstücksangebot bekommt ihr hier ein tolles Ambiente für die Großen und eine Spielecke für die Kleinen.

Hütergasse 13, 99084 Erfurt

4

Franz Mehlhose

Möchtet ihr das Nachmittagstief mit einer Tasse Kaffee und einem leckeren Stück Kuchen überwinden, dann solltet euch eure Füße ins Franz Mehlhose tragen: abends Club und Treff für Erfurts Kulturszene, tagsüber beliebter Anlaufpunkt für Familien. Denn die Kleinen sind in der Spielecke bestens aufgehoben. Außerdem gibt es hier die besten Pommes der Stadt.

Marktstraße 6, 99084 Erfurt

5

Nerly Café

Super schickes 20er-Jahre Ambiente trifft genügend Raum, sodass auch ein Kinderwagen Platz findet. Das ist eine sehr gute Kombination für ein gemütliches Kakao-Date mit Kindern. Die Sahnehaube gibt es nicht nur auf dem Kuchen, sondern auch in Form einer schönen Spielecke, die ihr von eurem Sitzplatz aus bequem im Blick habt.

Marktstraße 6, 99084 Erfurt

egapark

Die ega, die Erfurter Gartenbauausstellung, ist eine feste Instanz in der Blumenstadt und erfreut sich auch bei Familien überaus großer Beliebtheit. Nicht ohne Grund, denn hier wird euch echt einiges geboten. Da wären die verschiedenen Themengärten, riesige Blumenbeete und Schauhallen mit erstaunlich großer botanischer Vielfalt. Oder auch der Wissenswald, dessen Stationen euch zahlreiche Aha-Momente bescheren werden. Ein Highlight ist der Aussichtsturm mit seinem fabelhaften Rundumblick. Und dann gibt es da natürlich noch das „GärtnerReich", Thüringens größten Spielplatz inklusive Planschbecken und Kinderbauernhof.

Gothaer Straße 38, 99094 Erfurt

Kommt mit auf Thüringens größten Spielplatz!

Wüsten- und Urwaldhaus Danakil

Im Danakil, einem „Überbleibsel" der BUGA 2021, treffen zwei Klimazonen aufeinander, die unterschiedlicher nicht sein könnten: Wüste und Urwald. Auf schroffe Felswände, meterhohe Kakteen und karge Sandlandschaften folgen üppiges Grün, bunte Blütenpracht und Wasser im Überfluss. In beiden Bereichen könnt ihr tierische Bewohner der jeweiligen Lebensräume beobachten, zum Beispiel Schmetterlinge, Frösche und sogar Erdmännchen! Obendrauf gibt es interaktive Wissensvermittlung, die nicht nur schlauer, sondern auch Spaß macht.

Gothaer Straße 38, 99094 Erfurt

Gartenbaumuseum

Noch mehr Futter für hungrige Gehirne bekommt ihr im Gartenbaumuseum. Was erst einmal etwas angestaubt klingt, entpuppt sich schon nach kurzer Zeit als wirklich gelungene Ausstellung, in der Kinder und Erwachsene gleichermaßen viel lernen können. Zu den Themen, die euch auf eurem Rundgang durch das Museum in der ehemaligen Defensionskaserne der Zitadelle Cyriaksburg begegnen werden, gehören Gartenkunst, Biodiversität, Gentechnik, Urban Gardening und Klimawandel.

Gothaer Straße 38, 99094 Erfurt

TIPP
IM HERBST

Besonders eindrucksvoll ist der egapark im September und Oktober zur Kürbisausstellung.

Studio Rosie

Kreativ-Orte in Erfurt

Auch an grauen Tagen kann's kunterbunt zugehen – zum Beispiel, wenn ihr einen von Erfurts vielseitigen Kreativ-Orten besucht. Kerzen ziehen, Keramik bemalen und Basteln helfen selbst gegen den hartnäckigsten Regen-Blues.

1 BeAwi Kreativcafé

Dieser Ort ist eine Mischung aus Kreativwerkstatt und familienfreundlichem Café. Inhaberin Jeannette Münzberg bietet neben Getränken, Kuchen und leckeren Waffeln auch verschiedene Kreativ-Workshops für Kinder und Erwachsene an.

Nettelbeckufer 21, 99089 Erfurt

2 Studio Rosie

Im Studio Rosie könnt ihr eurer Kreativität allen Raum geben, die sie verdient hat, und euch auf der Leinwand austoben. Kindgerechte Kurse sind die „Familien-Kreativzeit" und der „Kreativklub MINI". Die Location ist zudem unglaublich einladend und einfach zauberhaft hübsch.

Bodestraße 8, 99085 Erfurt

3 Makerspace Erfurt

Der Erfurter Makerspace umfasst eine Holz-, eine Metall- und eine Textilwerkstatt sowie ein Foto- und ein Elektrolabor inklusive 3D-Drucker. Mit den Geräten, Maschinen und Werkzeugen könnt ihr auch lieb gewonnene Spielsachen reparieren.

Bahnhofstraße 16/Büßleber Gasse, 99084 Erfurt

4 Kerzencafé

Hier könnt ihr Kerzen wahlweise gießen oder ganz klassisch ziehen. Und weil das alles seine Zeit braucht, könnt ihr in den Wartephasen leckere Waffeln und Kakao genießen, euch im Café umschauen oder anderen Gästen beim kreativen Schaffen über die Schulter gucken.

Walkmühlstraße 1A, 99084 Erfurt

5 Keramika Malstudio

Teller, Tassen, Dosen, verschiedenste Deko ... im Keramika Malstudio darf alles bemalt werden, was Kreativ-Herzen höherschlagen lässt. Wer einmal den Pinsel geschwungen hat, wird schnell merken: Das macht süchtig – und definitiv nicht nur den Minis Spaß!

Lange Brücke 11, 99084 Erfurt

Waldspielplatz im Steigerwald

TIPP

ABENTEUER-SPIELPLATZ

Auch im Steigerwald findet ihr auf einer Lichtung einen abenteuerlichen Waldspielplatz.

Spielplatzhopping in der Gera-Aue

Lust auf einen abwechslungsreichen Aktiv-Tag im Norden von Erfurt? Dann ab mit euch zum Spielplatzhopping in der Gera-Aue! Als Startpunkt für eure Tour bietet sich der Nordpark an. Hier erwartet euch u. a. ein mächtiger „Baumstamm", der wagemutig bestiegen werden möchte. Weitere Highlights im Nordpark sind die Skateanlage und natürlich das Nordbad mit seinen Rutschen.

Kleine und große Überraschungen

Wenn ihr weiter in nördliche Richtung lauft, kommt ihr als Nächstes zum Sonnenuhrspielplatz, der vermutlich zu einem eher kurzen Stopp einlädt. Der Spielplatz „Piratennest" an der Radrennbahn sticht vor allem durch die hölzerne Flaschenpost ins Auge. Die gesamte Spielplatzgestaltung lehnt sich an das Thema Strandgut an und fordert die Balancierkünste eurer Kinder heraus. Und so geht es weiter: Immer am Ufer der Gera entlang durch saftiggrüne Parkanlagen von einem Spielplatz zum nächsten. Mal sind diese auf die Bedürfnisse von kleineren Kindern zugeschnitten, mal kommen Jugendliche und auch Erwachsene auf ihre Kosten. Genau diese Abwechslung macht das Spielplatzhopping zu einem riesigen Spaß für alle Familienmitglieder.

Höhepunkt Spielplatz Auenteich

Habt ihr schließlich die geschwungene Brücke über die Straße der Nationen erreicht, ist es nur noch ein Katzensprung bis zum Auenteich. Baden ist in dem künstlichen Gewässer zwar verboten, doch Gucken und die Seele baumeln lassen ausdrücklich erwünscht. Wenn ihr euch einen Rucksack mit Proviant mitbringt, findet ihr hier den perfekten Pausenplatz. Gestärkt könnt ihr euch nun auf den Weg zum Höhepunkt der Tour machen. Auf dem Spielplatz am Auenteich fällt sofort ein großes gelbes Gerüst ins Auge, das in einer Art „Reifen-Arena" steht. Daran befestigt: drei Schaukeln an sehr langen Ketten. Schnappt euch eine davon, klettert die Reifentreppen so weit wie möglich hoch und schwingt euch in ein unvergleichliches Abenteuer!

Moskauer Straße/Straße der Nationen, 99091 Erfurt

TIPP

LECKEREIEN

Gönnt euch im „Café am See" ein Eis mit Blick auf den Auenteich.

KINDheitstRAUM &
tRAUMhaus

Übernachtungen für Familien

1 **Krämerhaus auf der Krämerbrücke**
Im Krämerhaus findet ihr verschieden große Apartments für bis zu vier Personen, in denen ihr euch garantiert wohlfühlen werdet. Allein schon das Wissen, auf der weltberühmten Erfurter Krämerbrücke zu übernachten, ist doch schon ein Highlight, das auch eure Kinder begeistern wird.
Krämerbrücke 15, 99084 Erfurt

2 **Schwimmende Hütten**
Näher am Wasser geht nicht! Denn in Stotternheim könnt ihr in Ferienhäusern AUF dem Wasser übernachten. Die schwimmenden Hütten bieten Platz für 3 oder 6 Personen, sind ganz schlicht ausgestattet, haben dafür aber direkten Zugang und Ausblick zum Alperstedter See.
Alperstedter Landstraße 1, 99095 Erfurt OT Stotternheim

3 **KINDheitstRAUM & tRAUMhaus**
Die Ferienwohnung Kindheitstraum ist nur etwa 10 Minuten vom Zentrum entfernt. Hier findet ihr alles, was es für eine Übernachtung mit der Familie braucht: Gemeinschaftsküche, kinderfreundliche Einrichtung und Spielsachen. Der Hauptbahnhof ist in Laufnähe oder in einer Straßenbahnhaltestelle Entfernung zu erreichen – perfekt für alle Gäste, die mit der Bahn anreisen.
Arnstädter Str. 15, 99096 Erfurt

4 **Das Kehrs – Hotel auf dem Petersberg**
Eingebettet in eine große Grünfläche und umgeben von der mächtigen Festungsmauer befindet sich Das Kehrs mitten auf dem Petersberg. Hier findet ihr Ruhe und seid doch mittendrin in Thüringens Hauptstadt, mit all ihren Abenteuern direkt vor der Nase. Bei der Übernachtung habt ihr die Wahl aus klassischen Zimmern und geräumigen Apartments.
Petersberg 18, 99084 Erfurt

5 **Hotel Am Kaisersaal**
Die Unterkunft, die ihr sucht, geht in Richtung Familienhotel? Dann seid ihr vermutlich im Hotel Am Kaisersaal nahe der Erfurter Altstadt richtig. Hier könnt ihr spezielle Familienzimmer buchen, zu deren Grundausstattung ein separates Kinderzimmer mit Doppelstockbett gehört. Für Familien mit größeren Kindern eignen sich besonders die geräumigen Zimmer.
Futterstraße 8, 99084 Erfurt

WISSEN

Alle drei Jahre wird der „Dreinschlag" mit Feuerwerken auf den drei Burgen nachgestellt. Für das Spektakel muss sogar die Autobahn kurz gesperrt werden.

Die Drei Gleichen

Um das mittelalterliche Burgenensemble der Drei Gleichen rankt sich so manch mystische Geschichte. Die bekannteste von ihnen erzählt von einem Blitzeinschlag, der im Jahr 1231 alle drei Burgen entflammt haben soll. Dieser Sage, dem „Dreinschlag", verdanken die **Burg Gleichen,** die **Mühlburg** und die **Veste Wachsenburg** ihren gemeinsamen Namen, denn optisch sind sie sich tatsächlich rein gar nicht gleich.
Die Burg Gleichen ist eine Ruine, die ihr von März bis Oktober besichtigen könnt. Deutlich mehr zu sehen gibt es auf der Mühlburg, Thüringens ältester Burg. Hier findet ihr neben einem Museum und einem Imbiss auch einen begehbaren Aussichtsturm. Auf der Wachsenburg wiederum könnt ihr übernachten, denn das ehemalige Heim eines Raubritters beherbergt heute u. a. ein Hotel. Ist das nicht aufregend?

99869 Gemeinde Drei Gleichen

Kiesseen im Norden Erfurts

Nördlich von Erfurt wird seit Jahrzehnten Kies abgebaut. Darum entstanden und entstehen hier etliche Seen, die mittlerweile teilweise für den Freizeitspaß freigegeben sind. Der **Nordstrand** gehört zweifelsfrei zu den angesagtesten Erfurter Orten im Sommer. Hier könnt ihr z. B. Wasserski fahren und tauchen lernen. Ähnlich viel erleben könnt ihr auch am **Alperstedter See.** Zu den Highlights des auch „Lago di Alpi" genannten Sees gehören ein SUP-Verleih, Windsurfkurse, zwei Strandbars und die schwimmenden Hütten, in denen ihr sogar übernachten könnt. Baden ist nur an gekennzeichneten Stellen erlaubt. Wenn ihr Fans des klassischen Strandbads mit all seinen Vorzügen wie Toiletten, Umkleidekabinen, Kiosk und Spielplatz seid, dann ist der **Stotternheimer See** eine Reise wert. An vielen Uferabschnitten könnt ihr auch kostenfrei planschen. Ruhig und abgeschieden ist es hingegen am **Luther- oder Ebersee,** hier ist Baden jedoch verboten.

Habt ihr schon mal AUF dem Wasser übernachtet?

Abenteuerspielplatz am
Lauraweg in Allzunah

Thüringer Wald

Tiefgrüne Wälder, weite Bergwiesen, klare Seen und ganz viel Platz, um aktiv in der Natur zu sein. All das bietet der Thüringer Wald. Welche Orte wir Familien besonders ans Herz legen können, erfahrt ihr im folgenden Kapitel.

Shetlandpony-
Wanderung in
Gehren

Lieblings-Abenteuer im Thüringer Wald

1 **Wanderung mit Tieren:** mit flauschigen Alpakas oder Ponys durch den Wald spazieren

2 **Den Thron besteigen** im Spielzimmer des Schlosses Elisabethenburg

3 **Alm-Feeling** auf dem Ruppberg nach einem steilen Aufstieg erwatet euch ein fantastischer Blick

4 **Alte Bagger klingen lassen** findet heraus, wie schön so ein Bagger musizieren kann

5 **Wald-Rangertour** entdeckt mit dem Ranger wild lebende Pferde und die Wunder des Waldes

6 **Schlitten fahren** in Oberhof auf der längsten Rodelbahn in ganz Thüringen

7 **Gold schürfen** im Bergwerk Hühn ist eine Kunst für sich, die ihr ausprobieren müsst

8 **Mit dem"KiKANiNCHEN"** klettern und hoch hinaus gelangen, dass es nur so im Bauch kitzelt

9 **Eine Nacht im Heu** auf dem Pferdehof Kindermann

10 **Schokolade herstellen** und dabei die süße Viba Nougat-Welt erkunden

11 **Hobbits (be)suchen** dieses Feriendorf schaut aus, als wären wir im echten Auenland

Wusstest du, dass ...

34

Prozent des Freistaates Thüringen sind mit Wald bedeckt.

70

Baumarten kommen im Thüringer Wald vor (weltweit gibt es 60.065).

330

Millionen Bäume stehen im Thüringer Wald.

982,9

Meter hoch ist der Hohe Beerberg und damit die größte Erhebung im Thüringer Wald.

169,3

Kilometer lang ist der berühmte Kammweg Rennsteig. Er führt von Hörschel nach Blankenstein.

2.600

Tierarten leben im UNESCO-Biosphärenreservat Thüringer Wald.

Brotterode-Trusetal

Am Fuße des Inselsberges, dem Wahrzeichen der Region, befindet sich Brotterode-Trusetal. Die kleine Stadt am Rennsteig begeistert durch ihre landschaftliche Schönheit und hält zudem spannende Erlebnisse für euch bereit.

Trusetaler Wasserfall

Trusetaler Wasserfall mit Rundweg

Den Wasserfall in Trusetal, den kennt wirklich jedes Kind in der Region. Sollte es auch! Denn wenn Wassermassen über 50 Meter tief am Felsen herunterrauschen, dann ist das schon beeindruckend. Zahlreiche Stufen führen entlang des Wasserfalls nach oben. Achtung, man kommt dem kühlen Nass dabei teilweise erfrischend nah! Oben angekommen, könnt ihr eine tolle Aussicht auf den Wald genießen. Wenn ihr noch weiter hinauf wollt, lohnt sich ein Aufstieg zur Teufelskanzel. Auf dem knapp 4 km langen Wasserfall-Rundweg folgt ihr dem Wasserlauf durch den Wald. Der abwechslungsreiche Weg führt vorbei an Weiden und Wiesen und zurück zum Parkplatz am Wasserfall.

Brotteroder Str. 49, 98596 Brotterode-Trusetal

WISSEN

Pssst, ich muss euch noch was sagen. Der Wasserfall ist nicht echt, sondern künstlich angelegt und wird daher von Oktober bis Ostern abgeschaltet.

Finnhütten Hohe Klinge

Die Lage der insgesamt fünf kleinen Finnhütten auf der Hohen Klinge ist einfach einmalig schön! Ein weiter Blick vom Südhang des Thüringer Waldes ins Werratal und bis zur Rhön, um euch herum nur Wald und Wiesen und absolute Ruhe. Zu jeder Jahreszeit könnt ihr von hier aus zu wunderschönen Wanderungen aufbrechen. Das ist ein Ort zum Entspannen..

Hohe Klinge, 98596 Brotterode-Trusetal

TIPP
FAMILIEN-
WANDERUNG

Direkt von der Hütte starten zahlreiche Wanderwege.

Inselbergbad

Das kleine Schwimmbad befindet sich zwischen bewaldeten Hügeln. Während ihr im Thermalbecken sitzt, blickt ihr auf die Skisprungschanze und den Kirchturm in Brotterode. Die Kinder dagegen begeistern sich bestimmt für die Röhrenrutsche. Und weil es so ein niedliches und übersichtliches Bad ist, habt ihr sie auch während der unzähligen Rutschpartien immer gut im Blick. Auch die Sauna ist einen Besuch wert, denn hier sind Kinder ausdrücklich willkommen.

Am Bad 1, 98596 Brotterode-Trusetal

Hier werdet ihr zu echten Goldgräbern!

Besucherbergwerk Hühn

Vor Hunderten von Jahren wurden hier Erz und andere Metalle abgebaut. Seit 1991 steht das Bergwerk Hühn Besuchern frei und gerade Kinder werden hier auf eine ganz besondere Tour mitgenommen. Ausgestattet mit Taschenlampe, Helm und warmer Jacke (unter Tage hat es nur 8 Grad!) geht es in den Stollen. Unterwegs haltet ihr nach „Goldnuggets" Ausschau. Jedes Kind darf einen Nugget mitnehmen und später eintauschen. Mit einer kleinen Lok geht es wieder aus dem Berg hinaus. Auch über Tage geht das Abenteuer weiter, beim Goldschürfen. Kein echtes, sondern sogenanntes „Katzengold", doch das tut dem Erlebnis keinen Abbruch.

Eisensteinstraße 91, 98596 Brotterode-Trusetal

Wallenburg Turm

Vom Besucherbergwerk aus könnt ihr eine Wanderung von etwa 1 km zum Wallenburg Turm unternehmen. Von der einstigen Burg ist nur noch der Turm übrig, den ihr auch besteigen könnt. Von hier oben habt ihr eine fantastische Aussicht auf den ausschweifenden Thüringer Wald. Dieser Ort ist ein sehr romantisches Fleckchen Erde mit kleinem Spielplatz und „Turmbaude", in die ihr an Wochenenden einkehren könnt.

Klangpfad Trusetal

Die Gegend um Brotterode-Trusetal ist eine alte Bergbau-Region und das wird auf ganz wunderbare Weise auf dem Klangpfad erzählt. Denn hier könnt ihr ausgedienten Bergbau-Baggern oder Grubenhunten schöne Töne entlocken. Riesige Xylofone, Rasseln und Schlaginstrumente erwarten euch auf dem Rundweg, der nur wenige Meter vom Wasserfall entfernt liegt. Die Kinder werden von diesem Erlebnis absolut begeistert sein. Und das Beste: Es ist völlig kostenlos.

Laudenbacher Straße 2, 98596 Brotterode-Trusetal

Inselsberg Funpark

Der Inselsberg Funpark zählt zu den kleineren Freizeitparks in Deutschland und trotzdem könnt ihr hier einen Tag voller Spielspaß verbringen. Für das extra Kribbeln-im-Bauch sorgt die Sommerrodelbahn, mit der ihr den Berg hinab sausen könnt. Unser Favorit ist der Wie-Flyer, denn dieses Fahrgeschäft fühlt sich an, als könnte man wirklich fliegen und das Beste: ihr bestimmt das Tempo! Ihr habt noch nicht genug davon? Dann könnt ihr mit dem Bungee-Trampolin in die Lüfte springen. Etwas gelassener geht es an der großen Murmelbahn und am Weltall-Spielplatz zu. Kleinere Fahrgeschäfte warten noch darauf, erkundet zu werden. Und wenn nach den Abenteuern der große Hunger kommt, gibt es frische Pommes und ein kühles Slushi-Eis am Kiosk.

Kleiner Inselsberg 3, 98596 Brotterode-Trusetal

KLETTERT AUF HOHE BÄUME! SPRINGT IN TIEFE PFÜTZEN! ERKUNDET DIE WUNDER DER NATUR! ERFORSCHT DIE GEHEIMNISSE DES WALDES! SEID NEUGIERIG, WISSENSDURSTIG UND ABENTEUERLUSTIG!

ROSA KROKODIL
ABENTEUER MANIFEST

Oberhof

Wer Oberhof hört, denkt bestimmt an Wintersport; Rennrodeln, Biathlon und Langlauf. Doch Oberhof ist auch sonst ziemlich reizvoll. Nicht umsonst zählt Thüringens höchste Stadt zu den beliebtesten Reisezielen des Freistaats, nach Erfurt und Weimar.

The Grand Green Oberhof - Familux Resort

Solche Hotels findet man üblicherweise in der Alpenregion. Doch das Kinder-Luxushotel The Grand Green befindet sich mitten in Oberhof und lässt für Familien keine Wünsche offen. Ob ein Streichelzoo neben der Hotelbar, der Infinity-Pool mit Blick auf den weitläufigen Thüringer Wald, der riesige Naturspielplatz, der Indoorspielplatz und Autoscooter im Hotel oder das kunterbunte Kinderprogramm – Langeweile kommt hier nicht auf! Entspannung findet ihr im großzügigen Wellnessbereich. Die Zimmer und die Apartments sind geräumig und speziell auf die Bedürfnisse von Familien zugeschnitten. Dieses Hotel wurde speziell für Kinder geschaffen und das merkt man an jeder Ecke.

Tambacher Str. 4, 98559 Oberhof

Bikepark Oberhof

Der Bikepark ist nicht nur ein Ort für Mountainbike-Profis, sondern auch für die, die sich erst einmal ausprobieren wollen, auch schon im Kindesalter. Hier erlebt ihr ein 10 km langes Streckennetz und 11 Trails mit verschiedenen Schwierigkeitsgraden. Ein 4er-Sessellift bringt euch gemütlich auf den Berg, während ihr die atemberaubende Landschaft und die Oberhofer Sportstätten bewundern könnt. Der Lift kann auch von Wanderern genutzt werden. Der Bike-Verleih und ein Imbiss an der Talstation sorgen für ein unbeschwertes Familienabenteuer.

Alte Ohrdrufer Str. 6a, 98559 Oberhof

H2Oberhof

Wir lieben schöne Schwimmbäder, deswegen darf das Spaß- und Erholungsbad H2Oberhof hier nicht fehlen. Wer das Abenteuer sucht, sollte die 110 Meter lange Wasserrutsche auf keinen Fall verpassen. Das Kinderland lädt sowohl zum Badespaß als auch zum Spielen während der „Landgänge" ein. Für die Zeit zwischen den Badegängen gibt es einen tollen Trocken-Spielbereich und sogar ein Spielzimmer, was gerade für die Kleinsten ein wunderbarer Ort ist. Auch im Außenbereich wird geplanscht und gespielt, unter anderem auf dem herrlichen Matschspielplatz. Die schöne Saunalandschaft wird die Erwachsenen erfreuen.

Dr.-Curt-Weidhaas-Straße 2, 98559 Oberhof

Die Riesenschaukel – fast so schön wie fliegen.

Golfkletterpark

Die Welt von oben zu betrachten, macht riesigen Spaß. Umso mehr, wenn man sich den Weg an die Spitze selbst erarbeitet hat. Im Golfkletterpark in Oberhof dürfen sich Kinder ab 6 Jahren an die großen Kletterelemente wagen und in luftiger Höhe die Aussicht genießen. Für die Kleinen – ab 3 Jahren – bietet der KiKANiNCHEN-Parcours den allerfeinsten Kletterspaß, bei dem sie über sich hinauswachsen werden. Wer lieber am Boden bleibt, der kann unterdessen den Minigolfschläger schwingen. Die Anlage befindet sich direkt neben den Klettertürmen. Wer vom Nervenkitzel noch nicht genug hat, der testet die Riesenschaukel. Hier wird man 8 Meter hochgezogen und schaukelt dann in die Tiefe. Das Kribbeln im Bauch hält ewig an!

Dr.-Curt-Weidhaas-Straße 1, 98559 Oberhof

AHORN Panorama Hotel Oberhof

Auch dieses Hotel eignet sich perfekt für einen Familienurlaub. Im AHORN Panorama Hotel Oberhof gibt es für Kinder ein buntes Animationsprogramm, ein Streichelgehege, Sportanlagen, richtig große Indoor- und Outdoor-Spielbereiche sowie ein eigenes Kino. Ihr könnt die Zeit im hoteleigenen Innen-Pool genießen oder an geführten Wanderungen teilnehmen. Die Lage macht das AHORN Hotel zum idealen Ausgangspunkt für Ausflüge in die Natur. Und das zu jeder Jahreszeit.

Theo-Neubauer-Straße 29, 98559 Oberhof

Winterspaß in Oberhof

Naturrodelbahn Oberhof

Wenn der tiefgrüne Wald aussieht, als wäre er mit einer dicken Schicht glänzend weißem Zuckerguss übergossen, beginnt im Thüringer Wald eine ganz wunderbare Saiso. Ab jetzt heißt es: Schlitten raus und ab auf die Piste! Auf der Naturrodelbahn Oberhof erwartet euch die längste Rodelstrecke im Thüringer Wald mit stolzen 2 Kilometern. Damit ihr den ganzen Weg nicht wieder hochlaufen müsst, steht ein Shuttlebus bereit, der euch zurück zum Startpunkt bringt, von wo aus ihr wieder rodeln könnt und wieder und ...

Start: Am Pfanntalskopf 3, 98559 Oberhof

Ziel: Bahnhof Oberhof, 98559 Oberhof

Snowpark Oberhof

Gerade für Familien ist der 800 Meter lange Skihang in Oberhof perfekt geeignet. Mit dem 4er-Sessellift geht es im Snowpark auf den Berg hinauf. Bei Schneemangel wird die Piste mit künstlichem Schnee präpariert, sodass ihr hier im Idealfall von Dezember bis März Ski und Snowboard fahren könnt. Geübte Wintersportler kommen im Wintefunpark Oberhof auf ihre Kosten. Ihr seid neu auf den Brettern? Kein Problem, denn ihr findet hier auch Skikurse. Der 60 Meter lange Zauberteppich bringt die Kleinen ganz bequem wieder nach oben. Und eine eigene Ausrüstung braucht es auch nicht, denn es gibt im Snowpark Oberhof auch einen Verleihservice. Somit steht dem Winterspaß wirklich nichts im Wege.

Alte Ohrdrufer Str. 6a, 98559 Oberhof

Langlauf-Halle

Ein Ort, den es so in Mitteleuropa kein zweites Mal gibt: Die Skisport-Halle in Oberhof. Auf 10.000 qm könnt ihr hier das ganze Jahr über bei optimaler Schneequalität durch die Langlauf-Loipen gleiten. Und weil noch kein Meister vom Himmel gefallen ist, bietet die Sportstätte Skikurse an. Geeignet sind sie für Ski-Neulinge, die die Grundlagen des klassischen Langlaufs lernen können, bis hin zu Fortgeschrittenen, die Skatingkurse belegen können.

Tambacher St. 44, 98559 Oberhof

TIPP
SCHLITTEN-HUNDE-TOUR

Ein Abenteuer, das ihr nicht nur in Skandinavien erleben könnt, sondern auch im Thüringer Wald.

Tambach-Dietharz, Outdoorevent-Zentrum

Schneeschuhwandern

So muss es sich anfühlen über Wolken zu gehen! Mit Schneeschuhen über eine dicke Schneedecke zu wandern, ist ein ganz besonderes Wandererlebnis, für das es keine besondern Vorkenntnisse braucht. An vielen Orten im Thüringer Wald könnt ihr es ausprobieren. Für Kinder ist das Schneeschuhwandern ab etwa 8 Jahren super geeignet.

Auf einen Blick

- ***Oberhof:*** *outdoor inn, Sport Luck, Schneeschuh Thüringen*
- ***Masserberg:*** *Skischule May*
- ***Tambach-Dietharz:*** *Outdoorevent-Zentrum Pfannstiel, Outdoor Aktiv*
- ***Siegmundsburg:*** *Snowtubinganlage Siegmundsburg*
- ***Steinach:*** *outdoor inn*

Pferdeschlittenfahrt

Ein Erlebnis der besonderen Art, euren Kindern sicher in Erinnerung bleibt. Eine Pferdeschlittenfahrt durch den Thüringer Wald: Die Hufe stampfen gleichmäßig durch den Schnee, Dampf steigt aus den Nüstern auf, Glöckchen klingeln und ihr fühlt euch wie im Märchen.

Auf einen Blick

- ***Oberhof:*** *Kremserfahrten Luhn, Pferdefuhrbetrieb Nattermann*
- ***Frauenwald und Schmiedefeld:*** *Reiterhof Rosenberg, Reit- und Kutschbetrieb Uwe Kummer*
- ***Neuhaus a. Rennweg:*** *Reiterhof Kirchner*
- ***Sonneberg:*** *Kaltblutgespann Renneberg*

TIPP
SCHNEE-APP
In der App des Thüringer Waldes findet ihr tagesaktuell die geöffneten Rodel- und Skihänge.

Rodelspaß im Thüringer Wald

Auf dem Schneekopf findet ihr die höchste Rodelpiste im Thüringer Wald. Die Abfahrt ist mit 200 Metern zwar nicht wahnsinnig lang, dafür aber besonders familienfreundlich und recht schneesicher. In der Skiarena Silbersattel in Steinach geht es mit dem Pistenbock die präparierte Piste hinab. Das schaut aus wie ein Fahrrad auf Kufen und verspricht richtig viel Abfahrtsspaß.

Auf einen Blick

- *Rodelhang am **Schneekopfturm bei Gehlberg**: 200 m Strecke, Einkehrmöglichkeit: Neue Gehlberger Hütte*
- *Snowtubing (Rodeln auf Gummireifen) in **Siegmundsburg und Oberhof***
- *Pistenbock ausleihen in der **Skiarena Silbersattel in Steinach***

Weitere Skipisten im Thüringer Wald

Wer aus Thüringen kommt, hat seine ersten Skierlebnisse sicher nicht in den Alpen gesammelt, sondern auf einem der kleineren Skihänge im Thüringer Wald. Und dafür sind die Pisten genau richtig. Hier könnt ihr oder eure Kinder euch ausprobieren, ob in Schmiedefeld, Heubach oder in der größeren Skiarena Silbersattel. Spaß bringt das Wintervergnügen auf jeden Fall.

Auf einen Blick

Skiarena Silbersattel:

- *Str. zum Silbersattel 50, 96523 Steinach*
- *4,5 Pistenkilometer • 8 Strecken • Sessellift und Schlepplifte*
- *Zauberteppich Babylift und Kinderkarussell*

Winterwelt Schmiedefeld:

- *Am Skilift 1, 98528 Suhl OT Schmiedefeld*
- *1 Pistenkilometer • Schlepplift • Funpark Kinderwelt*

Skiarena Heubach:

- *Hohe Stieg, 98666 Masserberg*
- *0,6 Pistenkilometer • Schlepplift*
- *Zauberteppich und Skikarussell • Funpark*

TIPP
BAHNTICKET

Die Fahrten mit der Thüringer Bergbahn sind im Deutschlandticket enthalten.

Bahnromantik & Walderlebnis

Die Fahrt mit der Thüringer Bergbahn ist mehr als nur eine Transportmöglichkeit – es ist ein unvergessliches Erlebnis, das sowohl Technikfreunde als auch Naturliebhaber begeistert.

Thüringer Bergbahn

Mit der denkmalgeschützten Standseilbahn werdet ihr vom Tal hinauf zur Bergstation befördert und überwindet dabei mehr als 300 Höhenmeter. 18 Minuten dauert die Fahrt, während ihr einen wunderschönen Ausblick auf das Schwarzatal samt seiner umliegenden Dörfer und Wälder genießt. Im Sommer fahrt ihr mit offenem Verdeck, ansonsten im geschlossenen Waggon.

An der Bergbahn 1, 98744 Schwarzatal

Erlebnispfad Fröbelwald

Direkt an der Bergstation startet der Walderlebnispfad Fröbelwald. Auf einer Wanderung von einem knappen Kilometer entdeckt ihr insgesamt 10 Stationen zum Spielen und Lernen. Dort erfahrt ihr, wie die Menschen früher in der Region gelebt und gearbeitet haben, und lernt Flora und Fauna kennen.

Wasserspielplatz

Der Weg schlängelt sich durch den Wald und mündet schließlich auf einer herrlichen Lichtung mit Matschspielplatz. Wenn das Wetter mitspielt, dann wollt ihr hier sicher nicht mehr weg.

Fröbelmuseum

Wusstet ihr, dass Friedrich Wilhelm August Fröbel der Erfinder des ersten Kindergartens war? In Bad Blankenburg befindet sich das Fröbelmuseum, in dem ganz nach Fröbel entdeckt und gespielt werden darf.

Johannisgasse 4, 07422 Bad Blankenburg

TIPP
LECKEREIEN

Kehrt im „Bahnhof Rennsteig" ein und speist in historischen Waggons.

Laura-Bahn Rennsteig

Wanderwege für Familien

Familienerlebnisweg Laura-Bahn-Rennsteig

Wo einst schnaufende Dampfloks durch den Thüringer Wald zuckelten, führt heute der Erlebnispfad Laura-Bahn lang. Von Frauenwald wandert ihr entlang des historischen Gleisbettes bis zum Bahnhof Rennsteig. Auf dem Erlebnispfad gibt es viel zu entdecken, Rätsel zu lösen und wunderschöne Themenspielplätze rund um die Eisenbahngeschichte. Dabei kommt ihr am Bunkermuseum vorbei, was sich gerade für größere Kinder und natürlich für Erwachsene absolut lohnt.

Auf einen Blick

- *3,7 km Wanderweg*
- *Start: Hirsch-Monument, Frauenwald, 98694 Ilmenau*
- *Ziel: Bahnhof Rennsteig, 98528 Suhl*
- *kinderwagengerecht*

Zwergenpfad – Frauenwald

War da gerade eine Zipfelmütze? Auf dem knapp 4 km langen Rundweg in Frauenwald könnt ihr mit euren Kindern auf die Suche nach Zwergen gehen. An der Touristinfo in Frauenwald geht es los. Dort könnt ihr euch auch gleich einen Abenteuerrucksack für die Tour ausleihen, gefüllt mit Utensilien für Entdeckungen und einem Quiz. Auf dem Erlebnispfad erwarten euch Balancierbalken, ein Tastkasten, Spielelemente und natürlich ganz viele Zwerge, die sich überall verstecken. Das wird eine spannende Wanderung für die ganze Familie.

Auf einen Blick

- *3,9 km Rundwanderweg*
- *Start & Ziel: Frauenwald, Nordstraße 96, 98694 Ilmenau*

Wasserlehrpfad Moosbachtal – Steinbach-Hallenberg

Entdecke auf diesem etwa 2 Kilometer langen Rundweg die Wunder von Flora und Fauna am Wasser. Starte am malerischen Teich im Moosbachtal, wo du mit Glück die ersten Bewohner wie Elritzen oder den seltenen Eisvogel beobachten kannst. Der Weg schlängelt sich entlang des Moosbaches überquert eine Holzbrücke bis hinein in den Wald mit einem herrlichen Blick ins Tal. Eine Sitzbank bietet die perfekte Möglichkeit für ein mitgebrachtes Picknick. Ihr könnt auch am Ende im Waldgasthof „Am Köpfchen" für eine ordentliche Stärkung einkehren.

Auf einen Blick

- *2,2 km Rundweg*
- *Start & Ziel: Am Köpfchen 1, 98587 Steinbach-Hallenberg*
- *Markierungen „Rundweg Nr. 1"*

Wildgehege am Lautenberg – Unterschönau

Auf rund 7 Hektar Fläche weiden am Lautenberg Damwild, Rotwild und Mufflons. Ein schöner Wanderweg führt euch einmal rundherum. Der Zugang ins Gehege ist vorab auf Anfrage mit einer kleinen Führung möglich. Vielleicht begegnet ihr Hirsch „Bruno, dem Zweiten" mit seinem stattlichen Geweih. Gegenüber der Futterstelle begrüßen euch Esel „Winni" und seine Ziegen. Direkt am Gehege befinden sich Rastplätze für ein kleines Päuschen.

Auf einen Blick

- *2,8 km Rundweg*
- *Start & Ziel: Am Sportplatz, 98587 Unterschönau*
- *Markierungen „Rundweg Nr. 2"*
- *Weg durch Gehege von April bis August geöffnet*
- *Zugang Wildgehege zeigt eine Markierung*

WANDERN MIT KINDERN

1. Wählt kinderfreundliche Routen und Rundwege.
2. Packt ausreichend Snacks und Wasser ein.
3. Wählt bequeme Kleidung und festes Schuhwerk für alle.
4. Baut kleine Spiele und Aktivitäten während des Laufens ein.
5. Seid flexibel und plant genügend Pausen ein.

ROSA KROKODIL
FREIZEIT-PLATTFORM
Weitere familienfreundliche Wanderwege auf **www.rosakrokodil.de**

Feriendorf Auenland

Dieses Ferienland könnte einem Märchenbuch entsprungen sein. Im Feriendorf Auenland in Waffenrod könnt ihr wie die Hobbits in Erdhäusern wohnen. Doch ihr müsst euch mit der Buchung beeilen, die außergewöhnlichen Ferienhäuser sind beliebt. Seit Neuestem gibt es auch windschiefe kleine Hexenhäuschen auf dem Gelände: dazwischen viele großartige Spielplätze, ein wunderschöner Ausblick auf den Thüringer Wald und eine eigene Sommerrodelbahn.

Zum Burgberg 1, 98673 Eisfeld

Ponywanderung Ilmenau

Die Hufe trapsen rhythmisch über den weichen Waldboden. Die Kinder gehen dicht an der Seite der Ponys, völlig konzentriert und gleichzeitig total entspannt. Und genau das macht eine Wanderung mit Ponys aus. Man vergisst den trubeligen und schnellen Alltag und lässt sich ganz auf den Rhythmus der Tiere ein. Diese entspannende Wirkung von Natur und Tier hat Pädagogin Rosalie entdeckt und bietet seither Ponywanderungen an. Auf ihrer kleinen Farm bei Ilmenau begegnet ihr neben den Ponys auch anderen tierischen Bewohnern wie Schafen, Ziegen, Enten und Meerschweinchen. Beim Füttern und Striegeln macht ihr euch zunächst mit den Huftieren vertraut und lernt eure kleinen Wandergefährten kennen. Anschließend startet die Ponywanderung über Stock und Stein inmitten saftigen Grüns. Es ist entschleunigend, erdend und ein wunderschönes Erlebnis für die ganze Familie.

Pilzsteig, 98694 Ilmenau OT Gehren

Rangertouren im Thüringer Wald

Um die einmalig schöne Landschaft des UNESCO Biosphärenreservates Thüringer Wald mit seinen Bergmischwäldern, klaren Bächen und mystischen Hochmooren kennenzulernen, empfehlen wir euch eine geführte Rangertour. Ab der Touristinfo in Schmiedefeld starten täglich kostenlose Rangertouren. Die Wanderung führt über die blühenden Bergwiesen am Rande Schmiedefelds vorbei an wild-lebenden Konik-Pferden hinein in den Wald. Dort könnt ihr faszinierende Lebewesen wie die Köcherfliege beobachten, deren Larve sich mit winzigen Kieseln in einem steinharten Köcher verpuppt. Diese und viele weitere bemerkenswerte Naturschauspiele werden euch die erfahrenen Ranger auf der gemeinsamen Tour zeigen und ihr werdet den Wald und all seine Wunder plötzlich mit ganz anderen Augen sehen.

Brunnenstraße 1, 98528 Suhl OT Schmiedefeld am Rennsteig

WISSEN

Was haben die Rocky Mountains in Kanada, der Sambesi-Fluss in Afrika und der Wald zwischen Suhl, Oberhof, Ilmenau, Masserberg und Schleusingen gemeinsam? Sie alle gehören zu den UNESCO Biosphärenreservaten.

Zella-Mehlis

In der charmanten Kleinstadt im Thüringer Wald erwarten euch Alpen-Gefühle, sagenhafte Wanderwege, viel Erfindungsreichtum, Kultur und tierisches Vergnügen.

Sagenwanderweg zum Ruppberg

Eine Wanderung zum Ruppberg ist ein absolut empfehlenswertes Erlebnis! Der Sagenwanderweg beginnt am Wanderparkplatz Ruppberg. Er ist nur etwa 1,3 Kilometer lang, dafür aber ziemlich knackig. Gerade das Ende ist recht steil und abenteuerlich. Unterwegs begegnen euch Sagen aus der Region. Da sie im Original abgedruckt sind, bedürfen sie für Kinder eine Übersetzung in die moderne Sprache, verfehlen aber nicht ihre märchenhafte Wirkung. Und wenn ihr den Gipfel mit stolzen 866 Metern erreicht habt, dann könnt ihr eine wunderschöne Aussicht auf den Thüringer Wald genießen.

Wanderparkplatz Ruppberg, 98587 Steinbach-Hallenberg

TIPP

EINKEHR & PICKNICK

Von Mai bis Oktober hat die Ruppberghütte an Wochenenden geöffnet und lädt zu einer zünftigen Einkehr ein. Für alle anderen Tage empfehlen wir einen Rucksack mit Proviant dabei zu haben, denn bei dieser Aussicht schmeckt jedes Essen doppelt so gut!

Explorata

Über 100 Experimentier-Stationen wollen in der Explorata Mitmachwelt entdeckt und erlebt werden. Auf spielerische Weise können Kinder hier Physik begreifen. Optische Täuschungen, mechanische Gesetze, Lichtphänomene, akustische Spielereien und vieles mehr wecken die Neugier bei Kindern und auch bei Erwachsenen. Die Mitmachwelt erstreckt sich über mehrere Ebenen und ihr solltet genügend Zeit zum Entdecken einplanen. Auch Kinder, die noch nicht im Schulalter sind, kommen hier auf ihre Kosten.

Forstgasse 29, 98544 Zella-Mehlis

Liebling, ich habe die Kinder geschrumpft.

Technisches Museum Zella-Mehlis

Was in dem Museum im schönen Lubenbachtal als Erstes die Aufmerksamkeit auf sich zieht, ist das große – von Wasser betriebene – Mühlrad. Im Inneren des Museums könnt ihr alte Handwerkskunst bestaunen. Neben dem riesigen Ofen mit Blasebalg findet ihr hier die ältesten Brettfallhammer Deutschlands. Ihr wisst nicht, was das ist? Keine Sorge, das lernt ihr im Museum. Nach Voranmeldung kann man sogar beim Schmieden zuschauen oder sich selbst an diesem traditionellen Handwerk versuchen.

Lubenbachstraße 4, 98544 Zella-Mehlis

TIPP
LECKEREIEN

Kostet unbedingt die Kloß-Pommes, die sind krokotastisch!

Hotel Waldmühle

Das Hotel Waldmühle ist eine ganz klare Empfehlung. Es ist eine Mischung aus gemütlichem Hotel im Wald und einem Bauernhoferlebnis. Gackernde Hühner und meckernde Ziegen befinden sich genau neben dem Spielplatz gegenüber des Hotels. Dazwischen rauscht der Bach entlang. Vom Frühstückstisch aus sieht man der Gänseschar zu. Auch Alpakas zählen zu den tierischen Bewohnern und können sogar bei einer Wanderung begleitet werden. Zu dem Hotel gehört ein kleiner Wellnessbereich und ein wunderschön angelegter Garten mit plätscherndem Bach, der ein Kneippbecken mit erfrischendem Wasser versorgt, und eine alte Kegelbahn, auf der die Kinder garantiert Spaß haben werden.

Forstgasse 29, 98544 Zella-Mehlis

Mit Alpakas wandern gehen.

Bergsee Ebertswiese

Mitten im Naturschutzgebiet des Thüringer Waldes liegt eines der beliebtesten Ausflugsziele dieser Region: der Bergsee an der Ebertswiese. Der idyllische See ist von 30 Meter hohen Felswänden und viel Grün umsäumt. Im Sommer ist er der optimale Anlaufpunkt für Wanderer, Fahrradfahrer und Familien zum Entspannen und Sonne genießen. Eine Wanderung auf den breiten Wegen rund um den See lohnt sich aber zu jeder Jahreszeit! Direkt neben dem Bergsee befindet sich der Ferienpark Ebertswiese mit Bungalows, Finnhütten und Campingplatz.

98593 *Floh-Seligenthal*

Bergsee Ebertswiese

Meiningen

Die charmante Kultur-Stadt in Thüringen lädt euch zu einer spannenden Entdeckungsreise ein. Ob ein beeindruckendes Schloss, lebendige Theaterkultur oder idyllische Natur – hier gibt es die perfekte Mischung für Familien.

Schloss Elisabethenburg

Ein Besuch im Schloss ist ein Muss! Es ist, als würden die Gemäuer des alten Schlosses geheimnisvolle Geschichten wispern. In über 50 Ausstellungszimmern erlebt ihr prächtigen Barock und Klassizismus. Im Spielzimmer können die Kinder das Leben am Hofe nachspielen. Und während sie damit beschäftigt sind, sich zu verkleiden und Schwerter zu schmieden, könnt ihr in aller Ruhe durch die umfangreiche Ausstellung wandern. Auch das Musikzimmer dürft ihr euch nicht entgehen lassen. Denn hier werdet ihr selbst Teil des Orchesters und bringt die Instrumente zum Klingen. So macht Museum Spaß!

Schloßplatz 1, 98617 Meiningen

TIPP
LECKEREIEN

Gönnt euch anschließend einen Milchshake im prunkvollen Turmcafé des Schlosses!

ParkSafari Meiningen

Safaris gibt es nicht nur in Afrika. An der Tourist-info erhaltet ihr eine Karte, die mit Wegbeschreibungen und Rätseln versehen ist. Sie führt euch auf 2,6 Kilometern Rundweg durch den Schlossgarten und den Park. Sucht gemeinsam nach Hinweisen und rätselt über die Geschichte und Bedeutung. Unterwegs kommt ihr an einem sehr schönen Spielplatz vorbei, der sowohl für kleine als auch größere Kinder viele Spielelemente bietet. Und wenn ihr am Ende das Rätsel gelöst habt, könnt ihr euch in der Touristinfo eine Medaille abholen.

Ernestinerstraße 2, 98617 Meiningen

Meininger Theater

Das Meininger Staatstheater blickt auf eine lange Geschichte zurück und ist weit über Thüringens Landesgrenze bekannt und angesehen. Neben klassischen Aufführungen für Kinder, wie etwa „Die Schöne und das Biest" oder „Der Zinnsoldat und die Papiertänzerin", können sie hier auch Stücke im Puppentheater erleben. Und auch Konzerte werden hier speziell für das ganz junge Publikum angeboten.

Bernhardstraße 5, 98617 Meiningen

Goetz Höhle und Murmelbahn

Begebt euch auf Entdeckungstour durch Europas größte begehbare Kluft- und Spaltenhöhle. Sie liegt oberhalb Meiningens und ist am besten zu Fuß zu erreichen. Mit einer Licht- und Klanginstallation wird die Führung durch die 8 Grad kalte Höhle zu einem Erlebnis. Achtung: Es gibt unterwegs auch etliche Treppenstufen zu überwinden. Zurück aus der Höhle erwartet euch direkt neben dem Biergarten eine riesige Murmelbahn. Viele Meter lang muss die Murmel Hindernisse überwinden, während ihr die wunderschöne Aussicht über Meiningen genießt.

Am Dietrich 2, 98617 Meiningen

TIPP

LECKEREIEN

Gönnt euch im Biergarten „Zur Spalte" hoch über Meiningen ein leckeres Eis.

Pferdehof Kindermann

Vom ersten Hahnenschrei bis zum Sonnenuntergang erwartet euch auf dem Pferdehof Kindermann Landvergnügen pur: von Ponyreitstunden über das Pflegen und Füttern von Hasen, Wollschweinen und Eseln bis hin zu Spielspaß in der Abenteuerscheune, Schatzsuche auf dem Piratenspielplatz, Lagerfeuer mit Grillwürstchen und Übernachtung im Heu. Richtige Betten findet ihr in den Ferienwohnungen des Pferdehofes. Wenn ihr also Matratzen bevorzugt, dann habt ihr die Wahl zwischen diesen familienfreundlichen Wohnungen und super modernen Tiny Houses, die ebenso alles bieten, was ihr zum Familienurlaub braucht.

Lutherstraße 19, 98639 Metzels

Schon mal im Heu übernachtet?

TIPP
LECKEREIEN
Auch als Tagesausflug lohnt sich der Besuch im Café „Pilotprojekt" auf dem Dolmar.

Übernachtung im Tiny House

Flugschule Dolmar

Auf dem Flugplatz in Dolmar starten nicht nur kleine Flugzeuge in den wolkenlosen Himmel, hier könnt ihr als Familie auch super übernachten. Zum Beispiel in einem der gemütlichen und sehr stylischen Tiny Houses. Doch Achtung, Tiny heißt wirklich klein und das Bett reicht maximal für kleine Familien mit nur einem Kind. Wenn ihr mehr Leute seid, dann empfehlen wir euch die Blockhütte für bis zu 6 Personen. Ein besonderes Highlight: Hier habt ihr sogar einen kleinen Pool vor der Haustür! Ganz neu findet ihr sogar nachhaltig gebaute Ferienhäuser aus Holz am Flugplatz Dolmar.

Auf dem Gelände des Flugplatzes befindet sich außerdem ein gemütliches Café und auch ein großer Sandkasten und weitere Spielmöglichkeiten für Kinder. Hier lässt es sich also herrlich entspannen.

Am Flugplatz 1, 98547 Kühndorf

Schmalkalden

Zwischen Rhön und Rennsteig schmiegt sich die hübsche Kleinstadt Schmalkalden mit ihren malerischen Fachwerkhäusern und den romantischen Gassen. Und da diese Stadt auch im wörtlichen Sinne sehr "süß" ist, lohnt sich ein Besuch sehr.

Historicum Zinnfigurenmuseum

In einem der malerischen Fachwerkhäuser Schmalkaldens findet ihr eine der größten privaten Zinnfiguren-Sammlungen Europas. Über drei Etagen unternehmt ihr eine Zeitreise, dargestellt mit über 20.000 handbemalten Figuren. Hier findet ihr (historische) Ereignisse aus der Antike, dem Mittelalter und der Gegenwart. Aber auch die Sonderausstellung „Phantastische Welten", in der Figuren aus Filmklassikern wie „Star Wars" oder „Matrix" bis hin zu „Phantastische Tierwesen" oder „Game of Throne"s zu sehen sind.

Gillersgasse 1, 98574 Schmalkalden

Barfußlaufen stärkt das Immunsystem.

Barfußpfad mit Wildgehege

Schuhe aus und raus in den Wald! In dem familienfreundlichen und barrierefreien Barfuß-Erlebnispark fühlt ihr Kiesel, Granit und Glaskies unter den Füßen. Ihr könnt balancieren und nach Herzenslust die verschiedenen Spielelemente ausprobieren. Der Rundwanderweg führt vorbei am Wasserlauf, einem Teich und dem Wildgehege, wo ihr Hirsche und Rehe beobachten könnt.

Waldhaus, 98574 Schmalkalde

Schloss Wilhelmsburg

In einem der schönsten Renaissance-Schlösser Thüringens gibt es für kleine Menschen großen Rätselspaß. In einem spannenden Detektivspiel können sich Kinder ab 6 Jahren auf die Spuren von Martin Luther, Herzogin Elisabeth von Rochlitz und ihren Zeitgenossen ins beginnende 16. Jahrhundert begeben: eine Zeit voller Umbrüche und neuer Entdeckungen.

Schloßberg 9, 98574 Schmalkalden

Viba Nougat-Welt

Bereits am Eingang der Viba Nougat-Welt strömt euch der Duft von gerösteten Haselnüssen entgegen und ab da heißt es: Immer der Nase nach! In der Schaumanufaktur werden köstlich kleine Pralinen, aber auch große Schokoladenkunstwerke hergestellt. In speziellen Kinderkursen können sich schon die Kleinsten als Pralinenmacher ausprobieren. Die Naschereien geben viel Energie zum Spielen. Der große Spielplatz im Außenbereich bietet ordentlich viel Platz, um sie wieder loszuwerden. Auch wenn ihr mal keine Tour durch die Viba Nougat-Welt plant, dann lohnt sich ein Besuch auf dem Spielplatz, der direkten Zugang zum Viba Café hat, wo ihr mit bestem Kaffee, selbstgemachtem Eis und Kuchen versorgt werdet.

Nougat-Allee 1, 98574 Schmalkalden

WISSEN

Vor knapp 130 Jahren eröffneten die Geschwister Viebahn ein Café in Schmalkalden, in dem es Nougat gab. Doch so schnell, wie sie die Nougatblöcke verkauften, konnten sie sie gar nicht verpacken. Ein Zigarrenhersteller lieferte die Lösung: eine Maschine, die sonst Zigarren in wenigen Minuten verpackte. Und so wurde aus dem Nougatblock die Nougatstange (wie die Form einer Zigarre), die wir bis heute kennen und lieben.

20 Abenteuer

DIE DEIN (INNERES) KIND ERLEBEN SOLLTE

- ☐ BARFUSS LAUFEN
- ☐ MIT EINER KARTE DEN WEG FINDEN
- ☐ NACHTSPAZIERGANG
- ☐ AUF EINER ALM ÜBERNACHTEN
- ☐ STERNE BEOBACHTEN
- ☐ EINEN HÜGEL ERKLIMMEN
- ☐ WOLKENFIGUREN ENTDECKEN
- ☐ KINOABEND IM FREIEN
- ☐ LAGERFEUER MIT STOCKBROT
- ☐ BAUM UMARMEN
- ☐ STEIN HÜPFEN LASSEN
- ☐ SCHLAMM-/ SANDBURG BAUEN
- ☐ FROSCH ENTDECKEN
- ☐ PICKNICK IM FREIEN
- ☐ HÜTTE IM WALD BAUEN
- ☐ SCHNITZELJAGD IM WALD
- ☐ IN DER NATUR ÜBERM FEUER KOCHEN
- ☐ IM SOMMERREGEN TANZEN
- ☐ DRAUSSEN ÜBERNACHTEN
- ☐ WANDERUNG MIT TIEREN (LAMA, PONY...)

Familienwanderweg „Schäferweg"
Oberkatz

Thüringer Rhön

Oder auch das „Land der offenen Fernen" ist ein wahres Naturparadies: mit sanften Hügeln, dichten Wäldern und malerischen Wiesen, auf denen zahlreiche Schafe grasen. Diese Region bietet so viele Möglichkeiten für spannende Erkundungstouren mit der Familie oder tierische Begegnungen.

TIPP
STERNENPARK-FÜHRUNG

Eine Tour mit den zertifizierten Sternenparkführern gehört zu den beliebtesten Abenteuern der Region. Schließt euch einer öffentlichen Tour an oder bucht eine individuelle Führung.

Sternenpark Rhön

Den Sternen ganz nah sein.

Himmelsschauplatz Hohenroda

Sternenpark Rhön

An wenigen Orten in Deutschland ist die Nacht so dunkel, dass man die endlosen Weiten in ihrer Vielfalt bestaunen kann. Einer davon ist der internationale Sternenpark im UNESCO-Biosphärenreservat Rhön*, der gerade für Familien spannende Unternehmungen anbietet, wie zum Beispiel ein Nachtpicknick. Doch was ist eigentlich ein Stern? Warum zeigt der Polarstern immer nach Norden? Warum ist der Große Wagen eigentlich eine Bärin und wo ist der Mond bei Neumond? Das erfahrt ihr bei Führungen oder auf den ausgewiesenen Sternenguckplätzen, einer astronomischen Beobachtungsplattform und auf den Himmelsschauplätzen. So lässt sich die Stille und Faszination der Nacht auf ganz besondere Weise erfahren.

Marienstraße 13, 36115 Hilders

Ihr könnt auch das Planetarium in Bad Salzungen besuchen und erfahrt dort sehr anschaulich Wissenswertes rund um den Sternenhimmel.

Burgseestraße 7A, 36433 Bad Salzungen

* *Ehrlicherweise liegt der Sternenpark im Dreiländereck Bayern-Hessen-Thüringen. Aber das Abenteuer ist zu cool, um an der Landesgrenze Halt zu machen.*

Noahs Segel mit Naturerlebnispfad

Auf dem Berg „Ellenbogen" ragt ein 21 Meter hoher Turm empor: Noahs Segel. Das ist eine Aussichtsplattform mit unglaublichem Panoramablick auf das Land der offenen Fernen. Mit der Röhrenrutsche geht es wieder hinab, so oft ihr wollt. Danach lohnt sich eine Wanderung auf dem Naturerlebnispfad. Auf 3,6 km Länge erwartet euch eine kleine Zeitreise durch die Geschichte der Region. Im Baum-Memory oder großen Spinnennetz können eure Kinder herrlich spielen. Tierfreunde sollten unbedingt einen längeren Stopp am Tiergehege des „Thüringer Rhönhauses" einplanen.

Am Ellenbogen 1, 98634 Oberweid

Arche Rhön mit Erlebniswelt

Es sieht aus, als wäre ein Schiff auf einer weitläufigen Wiese gestrandet. In der Arche gibt es für die ganze Familie Spiele und Mitmach-Angebote rund um regionales Handwerk, Wissen über die Rhön und geologische Phänomene. Ihr findet verschiedene Themenhütten mit Ausstellungen über das UNESCO-Biosphärenreservat Rhön und einen großen Spielplatz auf dem Gelände. Ihr könnt außerdem auf dem Barfußpfad wandern, eine Fledermaushöhle bestaunen und den Turm der Arche besteigen, der eine hervorragende Aussicht auf die Thüringer Rhön bietet.

Auf dem Rosengarten 3, 36452 Kaltennordheim

Hexenpfad bei Fischbach

Wenn ihr Hexe hört, dann läuft euch ein Schauer über den Rücken? Aber keine Sorge, weder Hänsel und Gretel noch eure Kinder müssen sich fürchten, denn der gleichnamige Pfad bezieht sich auf den Tagfalter „Berghexe". Auf dem abwechslungsreichen Rundweg findet ihr verschiedene Stationen mit Informationstafeln zu Flora und Fauna der Rhön, Kletterstationen und sogar einen Wasserspielplatz. Entdeckt fossile Schätze oder probiert euch im Weitsprung mit Waldtieren. Unterwegs kommt ihr durch urige Wälder und vorbei an der erfrischenden Fischbachquelle. Ein idyllischer Rastplatz unter alten Linden lädt zum Verweilen ein.

Auf einen Blick

- *Start & Ziel: Bergstraße 15, 36452 Kaltennordheim*
- *Rundweg mit ca. 5,8 km*
- *Gesamtstrecke lässt sich in 2 km oder 4 km Rundstrecke abkürzen*
- *nicht barrierefrei*

TIPP
LECKEREIEN
Probiert im „Café und Schloss Fasanerie" ein Stück Original Rhöner Kuchen.

Wildtierpfad Hermannsfeld

Der Wildtierpfad führt auf einem kurzen, aber abwechslungsreichen Rundweg durch den märchenhaften Fasaneriewald am alten Jagdschloss. Erkundet die Schautafeln zu den Bäumen und Sträuchern und die verschiedenen Holzskulpturen entlang des Weges. Danach wird es tierisch, denn der Weg führt euch zu den Wildschweingattern, Wildgehegen und dem überdimensionierten Vogelhaus. Ihr findet außerdem einen ehemaligen Grenzturm und begehbare Bunkeranlagen. Echte Highlights zum Abschluss der Tour sind die traumhafte Panoramasicht auf die schöne Rhön und die Einkehr in das Café vom Jagdschloss Fasanerie.

Auf einen Blick

- *Start & Ziel: Fasanerie, 98617 Rhönblick*
- *Rundweg mit ca. 1,5 km*

Hainich

Dichter Urwald, wilde Katzen und mystische Wesen – der Nationalpark Hainich ist ein Familienparadies, wie es im Naturkundebuch steht. Schnallt euch an und taucht ein in eine grüne Welt der Abenteuer.

Baumkronenpfad
Hainich

Wusstest du, dass ...

60

Wildkatzen leben schätzungsweise im Nationalpark Hainich.

10

Parks und Gärten wollen in Bad Langensalza erkundet werden.

300

Jahre und länger stehen einige Bäume bereits im Hainich.

86,7

Meter machen den Turm der Mühlhäuser Marienkirche zum größten Thüringens.

7

Jahre müsst ihr mindestens alt sein, um Junior-Ranger zu werden.

1.600

Pilzarten wachsen im Hainich.

TIPP

AUDIOWALK FÜR KINDER

Während des Rundganges durch die Wipfel erfahrt ihr Spannendes über die Tiere und Pflanzen des Hainichs.

Ein Abenteuertag an der Thiemsburg

In direkter Nachbarschaft zur Thiemsburg im Herzen des Hainichs bleibt kein kindlicher Wunsch offen. Das ehemalige Forsthaus beherbergt heute ein Restaurant.

Baumkronenpfad Hainich

Beginnen könnt ihr euren Ausflug auf dem Baumkronenpfad, einem 24 Meter hohen Weg, der sich durch die Baumwipfel schlängelt und es dabei meisterhaft versteht, Wissenswertes mit Spielerischem zu verbinden. Denn neben vielen Info-Stationen, die häufig zum Mitmachen einladen, kann hier auch immer wieder nach Lust und Laune geklettert und erforscht werden. Der Baumkronenpfad ist das ideale Ausflugsziel für die ganze Familie und noch dazu barrierefrei. Ihr könnt ihn also auch problemlos mit Kinderwagen, Rollator und Rollstuhl „erfahren".

Wurzelhöhle & Erlebniswelt

Wenn ihr die Baumwipfel ausreichend erkundet habt, geht es als Nächstes hinab ins Erdreich. Ja, auch das ist an der Thiemsburg möglich. In der Wurzelhöhle, einer interaktiven Ausstellung im Nationalparkzentrum mit Wow-Effekt, geht ihr auf Tuchfühlung mit Regenwurm, Maulwurf und anderen Lebewesen der Unterwelt und könnt dabei richtig viel lernen. Noch mehr

Futter fürs Gehirn bekommt ihr in der Erlebniswelt „Entdecke die Geheimnisse des Hainich". Empfehlenswert sind auch die Eventrucksäcke für Waldentdecker:innen, die ihr für organisierte Erlebnis-Touren zu verschiedenen Themen im Nationalparkzentrum ausleihen könnt.

Abenteuerspielplatz: Das Reich des Fagati

Nach all der Wissensvermittlung wollen eure Kids spielen und toben? Kein Problem, denn „Das Reich des Fagati" ist nur einen Steinwurf vom Forsthaus Thiemsburg entfernt. Verschiedene Rollenspielwelten sorgen für abwechslungsreiche Beschäftigung, ein großes Klettergerüst weckt sportlichen Ehrgeiz und auf dem Sandhügel kann nach Herzenslust gebuddelt werden. Dicker Pluspunkt: Überall verteilt gibt es gemütliche Sitzgelegenheiten für eine Snackpause.

Thiemsburg 1, 99947 Schönstedt

WISSEN

Das Fagati ist ein fantastisches Wesen, das du mit ganz viel Glück im Hainich erspähen kannst – allerdings nur nachts.

Umweltbildungsstation

Wikakiwa & Umweltbildungsstation

Der Wikakiwa – oder auch Wildkatzenkinderwald – ist ein beeindruckend schöner und zugleich abwechslungsreicher Spielplatz mitten im Hainich. Für die Wissbegierigen unter euch gibt es direkt nebenan mit der Umweltbildungsstation einen Ort, der den Hainich nicht nur erklärt, sondern erlebbar macht.

Wikakiwa

Wer denkt, dass „Das Reich des Fagati" der schönste Spielplatz im Hainich ist, sollte unbedingt auch den Wildkatzenkinderwald besuchen, um einen weiteren Anwärter auf diesen Titel kennenzulernen. Auf diesem Walderlebnis-Spielplatz südöstlich von Kammerforst kommen abenteuerlustige Kinder auf ihre Kosten. Jedes Spielelement erzählt eine Geschichte und lädt dazu ein, die Umgebung – vom Offenland über Kiefernhaine bis zum Urwald – zu erkunden. Riesige Tiere aus Holz, spannende Kletterelemente, ein dreistöckiger Sandkasten und sogar ein Labyrinth sorgen für reichlich Abwechslung.

Wanderparkplatz „Am Zollgarten", 99986 Kammerforst

Umweltbildungsstation

In direkter Nachbarschaft zum Spielplatz findet ihr mit der Umweltbildungsstation ein weiteres Highlight. Diese hat sich ganz und gar der Wissensvermittlung verschrieben und erklärt die Besonderheiten des Hainichwaldes auf kindgerechte Weise. Hier können eure Sprösslinge zu echten Forscher:innen werden! Rauchen die Köpfe schließlich von all dem Erlernten, könnt ihr noch die Holzempore oberhalb der Umweltbildungsstation erklimmen und den Blick über die Landschaft schweifen lassen.

Wanderparkplatz „Am Zollgarten", 99986 Kammerforst

Wandern & Einkehr

Wenn ihr einmal im Hainich seid, könnt ihr den Besuch natürlich auch mit einer kleinen Wanderung kombinieren. Direkt am Wikakiwa und an der Umweltbildungsstation vorbei führt der 5,3 km lange „Qualitätsweg Hünenteich". Sein Symbol ist der Frosch. Ein hervorragender Ausgangs- und Endpunkt für euren facettenreichen Ausflug in die Natur ist die „Fuchsfarm", eine herrlich urige Wanderhütte mit leckerem Essen.

Triftchaussee, 99991 Mülverstedt

TIPP
FRÜHJAHR
Zur Weißdornblüte ist der Feensteiag ein zauberhaftes Erlebnis.

Feensteig & Wichteldorf

Der Kinderwanderweg **Feensteig im Märchenwald** entführt euch vom Wanderparkplatz Weberstedt aus über 3,4 km in das Reich der Waldriesen, Wurzelzwerge und Naturgeister. An den verschiedenen Stationen sorgen Sagen, Märchen und andere zauberhafte Geschichten für reichlich Magie – ein Umstand, der viele Kinder zu begeisterten Wandersleuten werden lässt. Welches Highlight euch am Ende der kurzweiligen Tour erwartet, müsst ihr allerdings selbst herausfinden.
Wieder zurück am Parkplatz könnt ihr direkt zum nächsten Hainich-Abenteuer aufbrechen. Nur 25 (gut ausgeschilderte) Kindergehminuten entfernt liegt das fantasievolle **Wichteldorf**. Hier könnt ihr die kleinen Hütten der Wichtelfamilien besuchen und in die Lebenswelt der magischen Wesen eintauchen. Ein Kletter-Parcours und eine Nestschaukel sorgen für noch mehr Spielspaß.

Am Hainich, 99947 Weberstedt

Grüne Klassenzimmer

Dass es im Hainich jede Menge über die Natur zu lernen gibt, ist kein Geheimnis. Doch habt ihr schon mal etwas von den Grünen Klassenzimmern gehört? Entlang einer barrierearmen Wanderroute könnt ihr die verschiedenen Lebensräume Wiese, Wald, Erdboden und Teich erkunden. Schautafeln liefern spannendes Wissen, wecken den Forschungsgeist und laden dazu ein, die Umgebung mit allen Sinnen wahrzunehmen. Besonders lehrreich wird es, wenn ihr die Grünen Klassenzimmer mit Pflanzenbestimmungsbuch, (Becher-)Lupe und Fernglas besucht. Start der Expedition ist an der Umweltbildungsstation.

Start: Umweltbildungsstation in Mülverstedt, Wanderparkplätze „Am Zollgarten" und „Rüspelsweg"

Erlebnispfad Wilde Weide

Beim Hainich denken viele an dichte Buchenwälder und üppige Bärlauchblütenteppiche. Doch kennt ihr auch die karge, fast schon steppenartige Seite des Nationalparks? Im Süden erstreckt sich die Wilde Weide, ein offenes Weideland, das nicht nur zahlreiche Tiere vom schottischen Hochlandrind über Ziegen und Schafe bis hin zu Ponys beherbergt, sondern auch einen Erlebnispfad inklusive Aussichtsturm für euch bereithält.

Ausgangspunkt der kleinen feinen Rundwanderung (600 Meter) ist der Wanderparkplatz Kindel. Direkt hinter dem Eingangstor zur Wilden Weide erwartet euch das erste Highlight: Ein cooles Kletterelement, an dem eure Kinder garantiert mehr als eine Runde drehen werden. Weiter geht's bis zum Aussichtsturm und direkt über die Weiden, auf denen die Tiere grasen. Unterwegs gibt es an Erlebnisstationen viel zu entdecken und zu lernen

Wanderparkplatz Kindel, direkt an der B84

TIPP

WILDKATZEN-SCHEUNE

Erlebt spannende Wildkatzen-Geschichten im Kino und ein interaktives Kinderquiz! Entspannen könnt ihr euch in den hängenden Sitzsäcken.

Wanderwege für Familien

Wildkatzenschleichpfad & Wildkatzenschaugehege

Abenteuerlich wird es auch auf dem Wildkatzenschleichpfad bei Hütscheroda. Der Weg ist zwar „nur" 1,5 km lang, besticht dafür aber mit einem phänomenalen Klettergerüst, das auch in Erwachsenen die Lust weckt, sportlich aktiv zu werden. Folgt einfach vom Wildkatzendorf Hütscheroda aus den Wildkatzenpfoten in einen zauberhaften Wald und lasst euch überraschen. Die Wanderung kann prima mit einem Besuch im Wildkatzenschaugehege verbunden werden, denn dort endet der Pfad.

Schlossstr. 4, 99820 Hütscheroda

Erlebnispfad Silberborn

Im Nationalpark Hainich wird Natur für die ganze Familie erlebbar gemacht. Damit auch schon die Kleinsten große Lust auf einen Ausflug in den Urwald bekommen, könnt ihr einen der speziellen Kinderwanderwege erkunden. Auf Erlebnispfad Silberborn am Rande von Berka entführt euch Alruna, die Seherin des Waldes, in die mystische Welt des Hainichs. Hier können eure Kids auf 2 bzw. 2,8 km Wegstrecke nach Herzenslust klettern, entdecken und staunen.

Wanderparkplatz „Mallinde", 99826 Berka v. d. Hainich

Übernachtungen für Familien

Familienurlaub im Wald-Resort

Mitten im Nationalpark Hainich befindet sich die Ferienhaussiedlung WaldResort, die sich perfekt für eure gemeinsame Familienauszeit eignet. Warum? Nun, da wären zum einen die modernen und komfortablen Ferienhäuser, die für einen Kurzurlaub mit Kindern bestens ausgestattet sind. Zwischen ihnen befinden sich Spielplätze, kleine Hütten und Orte zum Beisammensein. Direkt vor der Haustür erstreckt sich der große Urwald des Hainichs – einen cooleren Abenteuerspielplatz gibt es kaum. Und wenn das noch nicht genügt, dann überzeugen euch sicher die vielen (teils kostenlosen) Familienabenteuer direkt ums Eck, wie etwa der Feensteig, der Wichtelwald oder der Baumkronenpfad.

Am Hainich 11, 99991 Weberstedt

Urwald-Life-Camp

Das Urwald-Life-Camp nahe der Ortschaft Lauterbach ist nicht bloß eine klassische Jugendherberge am Rande des Hainichs. Hier könnt ihr auch als Familie eine unvergessliche Zeit haben – beispielsweise, wenn ihr im Tipi oder im Stelzenhaus übernachtet. Die Hütten in luftiger Höhe sind nicht nur wegen ihrer Architektur echte Unikate. Auch die schnörkellose Einrichtung inklusive Holzbetten wird euch garantiert in Erinnerung bleiben. Rund um das Urwald-Life-Camp gibt es außerdem viel zu entdecken, zum Beispiel mehrere Sportstätten, einen Lagerfeuerplatz, die Nationalparkinformation Harsberg und ganz viel Natur.

Harsbergstraße 4, 99826 Lauterbach

Alter Bahnhof Heyerode

Am Alten Bahnhof von Heyerode erwartet euch das Rundum-Sorglos-Paket. Denn hier könnt ihr nicht nur lecker schmausen und in farbenfrohen Holzhäuschen übernachten, sondern auch einiges mit euren Kids erleben. Auf dem Gelände des historischen Bahnhofsgebäudes findet ihr einen Spielplatz und einen Kinderbauernhof. Neben den typischen Bewohnern wie Hühnern, Ziegen und Kaninchen begrüßen euch hier außerdem Hängebauchschweinchen, Alpakas und Chinchillas. Je nach Wetter- und Gemütslage könnt ihr vor Ort Fahrräder, Langlaufski und Schlitten ausleihen und am Ende des Tages im kleinen feinen Wellnessbereich entspannen.

Bahnhofstraße 69, 99988 Heyerode

Bad Langensalza

Bunte Fachwerkhäuser, herrliche Parkanlagen und Gärten und rundherum die efeubewachsene Stadtmauer. Das ist Bad Langensalza und diese Kleinstadt ist immer eine Reise wert.

Alpaka-Wanderung bei Tom's Farm

Anfänglich war es gar nicht die Idee, Alpaka Wanderungen anzubieten. Doch die Betreiber von Tom's Farm wussten, dass Alpakas ganz wunderbaren Dünger für ihren Obst- und Gemüseanbau liefern würden, und so kam eins zum anderen. Seither kann man in dem hübschen Örtchen Großwelsbach bei Bad Langensalza mit den flauschigen Mini-Kamelen spazieren gehen. Entschleunigung garantiert, denn die Vierbeiner geben den Takt vor und der ist recht gemütlich. Nach der schönen Wanderung könnt ihr zu einem Picknick zur Farm zurückkehren und inmitten der Tiere das liebevoll zubereitete Essen genießen.

Alte Pfarrgasse 19, 99947 Bad Langensalza

Japanischer Garten

Dieser Garten entführt euch ins weit entfernte Japan. Spaziert vorbei an kleinen Wasserfällen und Bonsaibäumen, überquert die Brücke, unter der majestätisch die Koikarpfen ihre Bahnen ziehen, und genießt einen Tee im traditionellen japanischen Teehaus. Kinder bis 12 Jahren haben freien Eintritt.

Kurpromenade 15, 99947 Bad Langensalza

TIPP

„HANAMI" KIRSCHBLÜTENFEST

Im April wird das traditionelle Kirschblütenfest im Japanischen Garten groß gefeiert.

Natur!Garten

Bad Langensalza wird von einer mächtigen Stadtmauer umgeben, an der viele Türme emporragen. Am Fuße eines dieser Türme gelangt ihr in den Natur!Garten, der verwunschen scheint, fast wie aus einem Märchen. In diesem bunt blühenden Bauerngarten findet ihr neben zahlreichen Pflanzen, Gewächsen und kleinen Biotopen auch ein gemütliches Café, in dem es richtig guten Kuchen einer kleinen Bäckerei gibt. Die Kinder können im Garten auf Entdeckungstour gehen und im riesigen Sandkasten buddeln. Der perfekte Ort für einen entspannten Nachmittag.

Burggasse 10/11a, 99947 Bad Langensalza

Die Erlebniswelt Rumpelburg

So muss die Villa Kunterbunt von innen aussehen. Die Erlebniswelt Rumpelburg in Bad Langensalza ist einer der fantasievollsten Indoorspielplätze in ganz Thüringen. Vom Erdgeschoss bis in den letzten Giebel des ehemaligen Wohnhauses kann man hier spielen, klettern und sich austoben. Achtung, liebe Erwachsene, den Spaß hört man bis auf die Straße! Aber so soll es ja auch sein. Bei schönem Wetter erschließt sich euch noch eine komplett eigene Spielwelt im Außenbereich, sodass ihr die Rumpelburg – ob bei Regen oder Sonnenschein – immer besuchen könnt. Außer montags. ;)

Sperlingsgasse 4, 99947 Bad Langensalza

Pippi Langstrumpf würde diesem Spielplatz 5 Sterne geben!

Ferienwohnungen im Stadthaus Glückskind

Hallo, können wir bitte gleich hier wohnen? Am Kornmarkt in Bad Langensalza findet ihr das Stadthaus Glückskind, in dem sich zwei Ferienapartments mit absolutem Wohlfühlfaktor befinden. Die charmanten Altbauwohnungen sind geräumig und bieten alles, was man für ein „Zuhause auf Zeit" benötigt. In fußläufiger Nähe befinden sich Cafés, Restaurants und die Rumpelburg.

Kornmarkt 13, 99947 Bad Langensalza

TIPP

LECKEREIEN

Zwischen Rumpelburg und Ferienwohnung befindet sich das Café Klein & Mein mit leckeren Süßspeisen, einer Spielecke und einem Spielplatz im Hinterhof.

WISSEN

Johann August Röbling, der Konstrukteur der Brooklyn Bridge in New York, stammte aus Mühlhausen.

Spaziergang auf der Stadtmauer Mühlhausen

Mühlhausen war einst eine sehr bedeutende Stadt, davon zeugen die vielen alten Bauwerke und die mächtige Stadtmauer. Auf Letzterer kann man spazieren gehen, wenn man die „Historische Wehranlage" besichtigt. Dabei könnt ihr auch einige der Türme Mühlhausens besteigen und erhaltet somit nicht nur einen Einblick in die Geschichte der Stadt, sondern auch einen einmaligen Blick auf die wunderschönen Fachwerkhäuser. Die einzelnen Türme erzählen beispielsweise von der Entwicklung der Feuerwehr und den größten Bränden in Mühlhausen. Am Ende der Stadtmauer befindet sich direkt ein toller Spielplatz für ein Mini-Abenteuer.

Am Frauentor 13, 99974 Mühlhausen/Thüringen

Schwanenteich Mühlhausen

Freibad, Boot fahren, bestes Eis und Spielplatz – all das bietet der Schwanenteich. Bei warmen Temperaturen legen wir euch das Freibad ans Herz. Der Wasserspielplatz und die breite Wasserrutsche haben es uns hier besonders angetan. Vom Freibad aus blickt ihr direkt auf den angrenzenden Schwanenteich, den ihr mit Ruder- oder Tretboot überqueren könnt. Einen großen Abenteuerspielplatz findet ihr hier auch sowie das wohl beste Eis der Stadt. Wir wissen nicht, welcher Punkt euch am meisten überzeugt, aber wir sind uns sicher, dass am Schwanenteich jeder auf seine Kosten kommt!

Schwanenteichallee 34, 99974 Mühlhausen/Thüringen

Opfermoor Vogtei & der Mittelpunkt Deutschlands

Im Museum der „Opfermoor Vogtei" erfahrt ihr, wie die Menschen vor Tausenden Jahren in der Region gelebt haben. Ihr entdeckt spannende Funde aus der alten germanischen Siedlung und könnt ausprobieren, wie beschwerlich es war, Getreide zu mahlen. Die Siedlung war ein Zufallsfund, der beim Torfstechen entdeckt wurde. Ganz in der Nähe des Ausgrabungsortes wurde die alte Siedlung nachgebaut, deren Häuser ihr besichtigen könnt. Und so ganz nebenbei steht ihr dann auch noch buchstäblich mitten in Deutschland. Denn zwischen dem Museum und dem wenige hundert Meter entfernten Opfermoor befindet sich der offizielle Mittelpunkt Deutschlands!

Schleifweg 11, 99986 Vogtei

Kletterwald Hainich

Klettern ist was Feines! Es fördert unsere Konzentration, stärkt unseren Körper und lässt uns im wahrsten Sinne des Wortes über uns hinauswachsen. Daher kann man auch gar nicht früh genug damit anfangen. Für Kinder ab 5 Jahren ist der Kletterwald Hainich optimal, denn hier gibt es allein für diese Altersklasse sechs verschiedene Parcours – von Haselmaus bis Rotfuchs. Doch auch anspruchsvollere Parcours findet ihr hier, sodass für jedes Geschick und Können die passende Herausforderung bereitsteht.

Am Reckenbühl, 99986 Kammerforst

Auf zum Mittelpunkt Deutschlands!

Eisenach & Region

Was verbindet ihr mit Eisenach? Die Wartburg? Martin Luther? Johann Sebastian Bach? Stimmt alles! Doch die malerische Stadt in Thüringen hat noch so viel mehr zu bieten. Mystische Schluchten und dunkelgrüne Wälder, atemberaubend schöne Natur und ganz viel Spaß für die Familie.

Eselei Spielplatz am Fuße der Wartburg

Hörerlebnis: Bach-Musik in „Bubble Chairs" im Bachhaus

Wusstest du, dass ...

950
Jahre lang thront die Wartburg nun schon über Eisenach.

450
Autos treffen sich jährlich zum größten Internationalen Wartburg-Treffen in Eisenach.

2,05
Meter – gerade einmal so „breit" ist das „Schmale Haus" am Johannisplatz.

19
sensationell-leckere Eissorten produziert „Zucker & Zimt" direkt am Eisenacher Markt.

400
historische Musikinstrumente könnt ihr im Bachhaus bestaunen.

68
Zentimeter misst die sagenumwobene Drachenschlucht an ihrer engsten Stelle.

TIPP

TURMBESTEIGUNG

Für 1 Euro könnt ihr den Turm der Wartburg besteigen und eine atemberaubende Aussicht auf den Thüringer Wald, die Stadt und die Umgebung genießen.

Ein Abenteuertag auf der Wartburg

Die Wartburg als DIE Sehenswürdigkeit schlechthin lockt Menschen aus der ganzen Welt nach Eisenach. Doch nicht nur Geschichts- und Kunstinteressierte, sondern auch kleine Besucher:innen kommen hier voll auf ihre Kosten.

Wanderung zur Wartburg über die Eselei

Viele Wege führen zur Wartburg! Ihr könnt mit dem Auto bis zum Besucherparkplatz hochfahren. Doch da man das letzte (steile) Stück so oder so laufen muss, warum dann nicht auch den ganzen Weg? Die Wanderung (bspw. vom Mariental) führt euch auf etwa 1,5 Kilometern durch den wunderschönen Schluchtwald.

Auf der letzten Etappe kommt ihr zur Eselei. Dort, wo früher die echten Wartburgesel standen, warten heute Holztiere auf einem Spielplatz auf euch. Von dort aus versüßt euch ein abenteuerlicher Pfad mit Wissens- und Spielstationen den Aufstieg. Da merkt man gar nicht, dass man gerade den Berg erklimmt.

Chauffeurshaus

Am Parkplatz der Wartburg erwartet euch im historischen Chauffeurshaus ein weiteres Highlight. Hier könnt ihr eine interaktive Ausstellung besuchen und einiges über die Wartburg und umliegende Sehenswürdigkeiten lernen.

Führungen

Wollt ihr die Wartburg in allen Facetten kennenlernen und beispielsweise auch die Lutherstube und den prunkvollen Palas besuchen, dann lohnt sich eine Führung speziell für Familien. Ihr habt die Wahl zwischen verschiedenen kindgerechten Angeboten, zu denen auch ein Audioguide für Kinder gehört. Hier führt euch die kleine Maus Alba unterhaltsam durch die alten Gemäuer.

Versteckte Ecken

Bevor ihr die Burg betretet, solltet ihr den Blick nach links schweifen lassen. Hier findet ihr historische Kanonen und einen wunderbaren Aussichtspunkt. Innerhalb der Burganlage könnt ihr euch Zeit zum Erkunden nehmen. Dann findet ihr den malerischen Kräutergarten im hinteren Teil der Burg. Oder das kleine Portal zu Füßen des Aussichtsturmes, durch das ihr auf den Burgenbaulehrpfad gelangt. Hier erfahrt ihr, mit welchen Mitteln die Wartburg erbaut wurde.

Auf der Wartburg 1, 99817 Eisenach

TIPP

KINDERFÜHRUNG

Im Herbst und Winter könnt ihr die Burg mit einer Taschenlampe erkunden. Diese Führungen sind besonders spannend für Kinder.

Automobile Welt Eisenach

Im AWE-Museum kommen kleine und große Autofans voll auf ihre Kosten. Denn Eisenach ist schon seit über 100 Jahren eine Autostadt und kann dementsprechend auf eine vielseitige Geschichte zurückblicken. Im Fokus der Ausstellung steht natürlich der kultige Wartburg in seinen vielen Erscheinungsformen. Doch auch andere Modelle, beispielsweise von DIXI, BMW, IFA und Opel wollen in der Ausstellung bestaunt werden. Faszinierend ist außerdem die historische Autowerkstatt. Tipp: Immer wieder gibt es wechselnde Sonderausstellungen, die sehr sehenswert sind.

Friedrich-Naumann-Straße 10, 99817 Eisenach

Bachhaus

Im Eisenacher Bachhaus könnt ihr nicht nur richtig viel über das Leben und Wirken des berühmten Komponisten Johann Sebastian Bach lernen, sondern regelrecht in dessen musikalische Welt eintauchen. Das Museum verfügt über eine gigantische Sammlung an Musikinstrumenten, die trotz ihres beträchtlichen Alters noch regelmäßig gespielt werden. Wenn ihr es gut abpasst, dann könnt ihr in einer live-Vorführung ein kleines Orgel-Konzert genießen. Und der wunderschöne Garten im Innenhof ist unserer Meinung nach einer der schönsten Orte für Kaffee und Kuchen in Eisenach.

Frauenplan 21, 99817 Eisenach

Lutherhaus

Martin Luther gehört zu Eisenach einfach dazu. Als Schuljunge kam er alleine in die Stadt und fand bei Familie Cotta Obhut. In dem ehemaligen Wohnhaus der Familie Cotta befindet sich das heutige Lutherhaus. Das Museum ist vor allem für Erwachsene spannend und befindet sich in einem der ältesten und schönsten Fachwerkhäuser Thüringens. Für Kinder ab 6 Jahren gibt es einen Audioguide, der durch das Museum führt. Richtig empfehlenswert ist das Mitmachangebot in „Luthers Werkstatt", wo ihr euch im Buchdruck oder an Federkiel und Tinte probieren könnt.

Lutherplatz 8, 99817 Eisenach

TIPP

Auf dem Lutherplatz, nicht weit entfernt vom Lutherhaus, findet ihr ein Modell von Eisenach. Schaut doch mal, ob ihr darauf erkennen könnt, wo ihr gerade steht.

WISSEN

Könnt ihr euch das vorstellen? Der kleine Bach, über den ihr zeitweise lauft, hat sich über Millionen Jahre in den Fels genagt und damit die Drachenschlucht geformt.

Drachenschlucht

Abenteuerliche Wanderungen

„Kinder, habt ihr Lust auf eine Abenteuertour durch den Wald? Auf den Spuren von Drachen und auf die Erkundung längst verlassener Burgen?" Jetzt, wo wir die Aufmerksamkeit aller Entdecker:innen haben, verraten wir euch, wo in Eisenach ihr diese magischen Orte findet.

Drachenschlucht

Sagenhaft schön und abenteuerlich wild – die Drachenschlucht bei Eisenach ist das perfekte Ziel für wanderlustige Familien und die, die es werden wollen. Die etwa drei Kilometer lange Klamm führt vom Mariental hinauf zur „Hohen Sonne" und schlängelt sich dabei teilweise durch meterhohe Felswände und über einen kleinen Bach. An ihrer engsten Stelle ist die Drachenschlucht gerade einmal 68 cm breit. Platzangst solltet ihr also lieber nicht haben.

Ein Naturschauspiel der besonderen Art bietet die Drachenschlucht im Winter. Sobald die Temperaturen unter 0° C sinken, sind die Felswände mit dicken Eispanzern überzogen, abertausende Eiszapfen verleihen der Klamm zusätzliche Magie. Doch Vorsicht: Sobald das Tauwetter einsetzt, wird es gefährlich und die Drachenschlucht wird deshalb gesperrt. Für Kinderwagen und Co. ist die Drachenschlucht das ganze Jahr über nicht geeignet.

Auf einen Blick

- *Start: Parkplatz Mariental, Mariental 1, 99817 Eisenach*
- *ca. 3 km einfache Richtung (6 km hin und zurück)*
- *Rundwanderweg über Hohe Sonne und Landgrafenschlucht: 10,1 km*
- *nicht barrierefrei*
- *nicht kinderwagentauglich*

Metilstein – schönste Aussicht Eisenachs

380 Meter über Eisenach thront der Metilstein. Einst stand hier eine Burg, anscheinend noch ehe es die Wartburg gab. Heute findet ihr noch Überbleibsel der Burg, doch vor allem findet ihr hier den schönsten Blick auf die Wartburg und die Südstadt. Die Wanderung hoch ist anspruchsvoll, doch vielleicht packt ihr euch ein Picknick ein und belohnt euch oben mit einem Päuschen.

Auf einen Blick

- *Start: Bushaltestelle an der Wartburg*
- *1,6 km hin und zurück*
- *steil, nicht barrierefrei*

Kletterpark „Alte Brauerei"

Wo früher mal das Eisenacher Bier gebraut wurde, können sich heute kleine und große Kletterfans austoben. Der Indoor-Kletterpark „Alte Brauerei" besticht durch seine ungewöhnliche Location und hält vier verschiedene Parcours mit mehr als 30 Kletterelementen für jede Altersstufe bereit. Nachdem ihr euch so richtig verausgabt habt, könnt ihr im Bistro oder auf der Dachterrasse einen leckeren Snack oder ein erfrischendes Getränk genießen.

Wartburgallee 25 a, 99817 Eisenach

TIPP

ÜBERNACHTUNG

Die „Alte Brauerei" ist auch eine hippe Unterkunft. In perfekter Lage bekommt ihr hier tolle Familienzimmer und auch Gemeinschaftsräume für Familientreffen.

Gastro-Tipps für Familien

Ihr kennt unsere goldene Regel: Wer Ausflug sagt, muss auch Einkehr sagen. Hier gibt es unsere Tipps, wo ihr in Eisenach mit Kindern gut einkehren könnt.

1

Liebstes Eis

In der „Zucker & Zimt Eis- und Schokoladenmanufaktur" direkt am Marktplatz bekommt ihr köstliches hausgemachtes Eis. Probiert unbedingt mal die Sorte Buttermilch-Zimt!

Goldschmiedenstraße 1, 99817 Eisenach

2

Beste Stullen und Zimtschnecken

„Die Teigmacher" stellen nicht nur wahnsinnig gutes Brot her, sie belegen auch die saftigsten Stullen der Stadt und die Zimtschnecken sind ein Gedicht.

Querstraße 11A, 99817 Eisenach

3

Schönster Biergarten Eisenachs

Für die meisten gehört zu einem Besuch in Thüringen auch eine ordentliche Bratwurst dazu. Die bekommt ihr im schönsten Biergarten, in der „Phantasie" im Mariental. Hier könnt ihr an Wochenenden gemütlich sitzen, während die Kinder im Grünen spielen.

Mariental 33, 99817 Eisenach

4

Leckerste Sandwiches

Dieses hippe Lokal würde man Berlin oder Madrid vermuten, aber "Babi's Deli" liegt mitten in Eisenach und macht hungrige Gäste mit ausgefallenen Sandwich-Kreationen glücklich. Die Brote werden frisch gebacken und der Belag überrascht bei jedem Besuch aufs Neue.

Johannisstraße 22, 99817 Eisenach

5

Traumhafte Aussicht

Vom "Berghotel" unterhalb des Burschenschaftsdenkmals könnt ihr ein Abendessen mit Blick auf die Wartburg im Sonnenuntergang genießen: im Sommer auf der Außenterrasse, in kälteren Monaten im Wintergarten. Dazu gibt es sehr gutes Essen.

An der Göpelskuppe 1, 99817 Eisenach

Dankmarshäuser Rhäden

Im Dankmarshäuser Rhäden, einem Feuchtgebiet südwestlich von Eisenach, könnt ihr hautnah erleben, wie Naturschutz funktioniert. Denn dieser Ort ist nicht nur die Heimat von Wasserbüffeln und Exmoor-Ponys, sondern auch ein Eldorado für Vögel. Ob zur Brut und Aufzucht ihrer Jungen oder als Raststätte auf der Reise gen Süden – hier fühlen sich unzählige Arten wohl. Auf dem rund 8 km langen Rundwanderweg habt ihr an verschiedenen Stationen die Möglichkeit, die Tier- und Pflanzenwelt genau unter die Lupe zu nehmen. Mit ein wenig Glück könnt ihr dabei sogar den Kiebitz, einen der seltensten Vögel in Thüringen, erspähen.

Wanderparkplatz, 99837 Werra-Suhl-Tal

Stiftsgut Wilhelmsglücksbrunn

Im malerischen Werratal unweit der Kleinstadt Creuzburg findet ihr mit Wilhelmsglücksbrunn ein Kleinod, das so wirkt, als wäre es direkt einer Geschichte von Astrid Lindgren entsprungen. Das ehemalige Stiftsgut kann fabelhaft als Rastplatz in eine Radtour entlang der Werra eingebunden werden. Vor Ort findet ihr nicht nur ein pittoreskes Häuser-Ensemble inklusive riesiger Storchennester auf den Dächern, sondern auch einen Hofladen mit Bistro. In diesem werden lokale Produkte – teilweise aus eigener Herstellung – angeboten. Die tierischen Fleisch- und Milchlieferanten, die hierfür benötigt werden, könnt ihr direkt auf den umliegenden Weiden besuchen. Das ist Bullerbü-Idylle in Reinform. Wenn ihr möchtet, könnt ihr sogar im Stiftsgut Wilhelmsglücksbrunn übernachten.

Wilhelmsglücksbrunn 1, 99831 Amt Creuzburg

Wandern mal anders!

Wasserwandern auf der Werra

Die Werra ist nicht nur für ihren familienfreundlichen Radweg bekannt, sondern lädt auch zum sportlichen Trip auf dem Wasser ein. Wasserwandern mit Kindern ist eine großartige Möglichkeit, die Natur aus einer völlig neuen Perspektive zu erkunden, der Hektik des Alltags zu entfliehen und die Friedlichkeit des Flusses zu genießen. Die Werra eignet sich ausgezeichnet für eine Tour mit dem Schlauchboot oder Kanu, weil sie an vielen Stellen recht flach ist und meist ruhig fließt. Außerdem bietet sie mit den Ebenauer Klippen und Köpfen zwischen Creuzburg und Mihla eine wahrhaft spektakuläre Kulisse, die beinahe an einen Canyon erinnert. Dieser Anblick wird nicht nur eure Kids in Staunen versetzen.

TIPP
PADDELTOUR

Wenn ihr Burgen-Fans seid, könnt ihr von Lauchröden nach Hörschel paddeln und die Ruine der Brandenburg bewundern.

Kammweg der Hörselberge

Ein Ausflug in die Hörselberge

Die Hörselberge nördlich vom Thüringer Wald sind überraschend facettenreich. Spannend sind auch die zahlreichen Sagen, die sich um den Höhenzug ranken.

Auf dem Kammweg

Der wohl spektakulärste Wanderpfad der Hörselberge ist der Kammweg. Auf dem Kleinen Hörselberg bietet sich euch eine wildromantische Felslandschaft. Schroffe Aussichtspunkte, schmale Wege und karge Natur machen diesen Abschnitt der Hörselberge zu einem einmaligen Erlebnis. Weitaus üppiger zeigt sich die Landschaft auf dem Großen Hörselberg. Hier wandert ihr die meiste Zeit durch dichten Laubwald und könnt dabei einiges entdecken. Falls ihr euch im Frühling fragt, was denn hier so stark nach Knoblauch riecht, ist der blühende Bärlauch nicht weit.

Start: Parkplatz Hastrungsfeld, 99820 Hörselberg-Hainich

Versteckte Highlights

Es ist immer eine gute Idee, die bekannten Pfade zu verlassen und auf Entdeckungstour zu gehen. Dabei könnt ihr mit etwas Glück die **Tannhäuserhöhle,** die **Venusgrotte** oder das **Jesusbrünnlein** finden. Orte wie diese haben Menschen seit jeher zu fantastischen Geschichten inspiriert. So galten die Hörselberge vor langer Zeit als Sitz der Götter und auch Frau Holle soll hier einst gelebt haben. Die **Apothekerwiese** diente früher als Sammelort für Heilpflanzen und steht heute wegen ihrer Biodiversität unter Naturschutz.

Einkehrmöglichkeiten

Wandern ohne Einkehr? Möglich, aber sinnlos.

Berggasthaus Großer Hörselberg
Direkt auf dem Großen Hörselberg findet ihr das Berggasthaus Großer Hörselberg, ein uriges Restaurant mit regionalen Speisen, schönem Freisitz und angrenzendem Spielplatz.

Hastrungsfeld, 99820 Hörselberg-Hainich

Gasthof Zapfengrund
Reiterhof-Idylle in bester „Bibi und Tina-Manier" bietet euch der Zapfengrund Hier könnt ihr sogar direkt im Heu übernachten!

Ortsstraße 24, 99848 Wutha-Farnroda

Hörselmühle Schönau
Wenn ihr euren Ausflug auf die Hörselberge mit einem leckeren Eis abrunden wollt, solltet ihr die Hörselmühle Schönau ansteuern. Neben süßen Köstlichkeiten könnt ihr euch hier auch mit feinsten Spezialitäten aus der Region eindecken.

Mühlgasse 59, 99848 Wutha-Farnroda

Gotha & Region

Die Residenzstadt Gotha wird auch als Wiege des europäischen Adels bezeichnet. Daher steht das imposante Schloss Friedenstein hier bei einem Besuch im Mittelpunkt. Rund um Gotha findet ihr spannende Action, kuschelige Freunde und uralte Saurier. Auf ins Abenteuer!

Schloss Friedenstein &
Herzogliches Museum Gotha

Schlossmaus Casimir von Schloss Friedenstein

Wusstest du, dass ...

365

Zimmer zählt das Schloss Friedenstein, sodass man jeden Tag im Jahr in einem anderen Raum wohnen könnte.

1979

wurden aus dem Schloss fünf wertvolle Gemälde gestohlen. 2019 tauchten sie wieder auf.

1681

wurde das Ekhof-Theater erbaut, eines der ältesten und funktionsfähigen Barocktheater.

290

Millionen Jahre ist es her, dass Saurier in der Region um Georgenthal lebten.

130.000

Münzen befinden sich in der Münzsammlung der Friedenstein Stiftung Gotha.

1889

wurden die ersten Spielzeuge bei Steiner hergestellt.

TIPP
BAROCKFEST GOTHA

Eine Zeitreise ins 18. Jahrhundert könnt ihr beim Barockfest auf Schloss Friedenstein erleben. Schlüpft u. a. in prunkvolle historische Kleider und werdet Teil des höfischen Lebens.

Kostümverleih in der Orangerie Gotha zum Barockfest

Abenteuer im Schloss Friedenstein

Schloss Friedenstein in Gotha bietet Familien einen abwechslungsreichen und spannenden Ausflug in die Welt des Barocks. Das imposante Bauwerk war einst ein bedeutender Sitz des europäischen Adels. Heute findet ihr hier beeindruckende Schätze aus aller Welt. Denn die einstigen Herzöge hatten eine große Sammelleidenschaft und trugen über die Jahrzehnte bedeutende Schätze aus aller Welt zusammen.

Tiere im Turm

Die Ausstellung „Tiere im Turm" ist ein echtes Erlebnis: Hier begegnet ihr präparierten Tieren aus dem Regenwald, der Antarktis oder bei Nacht – von Pinguin, über Tiger bis zu Flamingo und Faultier können hier gesehen, teils gehört und gefühlt werden. Die naturkundliche Sammlung zeigt faszinierende Sammlungen von Fossilien, Mineralien und regionaler Flora und Fauna – perfekt für kleine Forscher:innen.

Unter dem Schloss

Ein weiteres Highlight ist die Führung durch die Kasematten, die unterirdischen Verteidigungsanlagen des Schlosses. Ihr wandert durch dunkle Gänge, erfahrt mehr über die Verteidigung des Schlosses und erlebt eine spannende Zeitreise.

Angebote für Kinder

Speziell für Kinder gibt es maßgeschneiderte Führungen und Workshops, bei denen sie spielerisch in die Welt des Schlosses eintauchen können. Ob Schatzsuchen, Bastelangebote oder Märchenstunden – Langeweile kommt hier garantiert nicht auf. Es lohnt sich, Ferienangebote zu lesen.

Schlossplatz 1, 99867 Gotha

WISSEN

Wusstet ihr, dass die Ur-Ur-Ur-Ur-Großeltern von King Charles aus Gotha kommen? 1817 haben sie im prachtvollen Festsaal auf Schloss Friedenstein geheiratet. Somit stammen die Windsors aus Thüringen.

Abenteuerspielplatz in Laucha

Spielplatz & Parkgaststätte in Laucha

Würde es den Wettbewerb „Schönster Spielplatz Thüringens" geben, würde der in Laucha definitiv auf den vorderen Plätzen rangieren. Statt quietschbunter Plastikburgen und immer gleichen Geräten dominieren hier fantasievolle Holzfiguren und -wesen, die der Werkstatt von „spielart" direkt nebenan entstammen. Unangefochtenes Highlight ist der abwechslungsreiche Kletterturm in Gestalt magischer Pflanzenwesen.
Wenn die Kräfte schwinden und die Mägen knurren, könnt ihr euch freuen. Direkt neben dem Spielplatz im Park von Laucha gibt es eine Gaststätte mit goldigster Kinderkarte, auf der Rabe Willi und Eule Ananastasia durchs Menü führen. Die, die es eilig haben, können sich bei schönem Wetter am Imbiss einen Snack holen, ehe das wilde Tollen und Toben weitergeht. Zum Abschluss eines rundum gelungenen Ausflugstages lädt der Park inklusive Teich zum gemütlichen Flanieren ein.

Mühlgasse 1a, 99880 Hörsel OT Laucha

TIPP
LECKEREIEN

Direkt nebenan befindet sich das Bistro „Krönchen", wo ihr leckeren Kuchen schlemmen könnt.

Steiner Plüschtiere – Manufaktur

Seit über 130 Jahren werden bei Steiner in Georgenthal Spielzeuge hergestellt. Anfangs waren es Puppen, die in der kleinen Manufaktur produziert wurden. Mittlerweile sind es Plüschtiere, die hier bis heute von Hand und mit viel Liebe hergestellt werden. Dienstags und donnerstags könnt ihr einen Blick in die Manufaktur werfen und erlebt vielleicht gerade, wie ein neues „Rosa Krokodil" aus Plüsch das Licht der Welt erblickt, denn unsere Stofftiere werden hier hergestellt. Besonders toll: Ihr könnt hier auch den Kindergeburtstag feiern und jedes Kind darf sein eigenes Plüschtier herstellen.

Bahnhofstraße 40, 99887 Georgenthal/Thüringer Wald

Näht euer eigenes Plüschtier!

Schon mal auf einem lebensgroßen Plüschpferd gesessen?

Schloss Ehrenstein

Dieses Schloss ist sicher (noch) ein Geheimtipp und eine kleine Perle. Denn hier erwarten euch keine verstaubten Ahnengalerien, sondern ein multimediales Museumserlebnis! Im „Kubus Magicus" erlebt ihr die Geschichte der Region in einer 360° rundum verspiegelten Raum-im-Raum-Installation, in der ihr völlig in das Geschehen eintauchen könnt. In der Dauerausstellung „Als Saurier durch Ohrdruf schwammen" reist ihr noch weiter in der Zeit zurück. Und weil die Region für den Spielzeugbau, speziell Schaukelpferde, bekannt ist, gibt es auch dazu eine hübsche Ausstellung mit lebensgroßem Plüsch-Pferd zum Probesitzen. Tipp: Der riesige Abenteuerspielplatz vor dem Schloss ist der absolute Knaller!

Schloßpl. 1, 99885 Ohrdruf

Adventurepark Thüringen

Auf die Plätze, fertig, Action! Auf dem weitläufigen Gelände des Adventureparks erwartet euch so viel Nervenkitzel, dass man allein schon beim Lesen ein aufregendes Kribbeln spürt. Ihr könnt hier auf einer der größten Paintball-Anlagen Mitteldeutschlands die Farbkugeln durch die Luft schießen, Lasergame spielen oder Bogenschießen, Axtwerfen und Fußball-Billard ausprobieren, Bubble Ball kicken und den Duell-Parcours bezwingen. Welches Abenteuer darf es sein?

Ringstraße 42, 99885 Ohrdruf

Mit der Waldbahn zur Marienglashöhle

Dieser Ausflug ist zwei in einem: Bahnromantik und Höhlenabenteuer. Die historische Straßenbahn der Thüringer Waldbahn bringt euch gemütlich von Gotha durch den Thüringer Wald bis nach Bad Tabarz. Von dort ist es nur ein kurzer Weg zur Marienglashöhle. Das Schaubergwerk begeistert mit funkelnden Gipskristallen. Die Kristallgrotte in der Marienglashöhle wurde 1778 entdeckt und gilt als eine der schönsten und größten in Europa. Die Führung nimmt euch mit auf eine Reise in die Welt unter Tage und erzählt von der Entstehung der Höhle und ihrer Geschichte.

Marienglashöhle, 99894 Friedrichroda

Tierpark Gotha

Unweit der Innenstadt am Rande des Waldes liegt der Tierpark Gotha. Hier könnt ihr die verschiedensten Tiere antreffen. Ob niedliche Erdmännchen, flauschige Lamas oder erhabene Schleiereulen, sie alle können hier beobachtet werden. Das große Wolfsgehege ist besonders beeindruckend, vielleicht habt ihr Glück und erhascht einen Blick auf „Isegrim". Zwischen all den tierischen Bewohnern befinden sich schöne Spielplätze und ein kleines Café zum Energie-Auftanken.

Töpfleber Weg 2, 99867 Gotha

WISSEN

Die Ausgrabungsstätte „Bromacker" zwischen Tambach-Dietharz und Georgenthal gilt derzeit als eine der bedeutendsten Fossilfundstelle.

Saurier-Erlebnispfad in Georgenthal & Tambach-Dietharz

Auf den Spuren von Urzeitechsen wandeln.

Sauriererlebnispfad Georgenthal

Zu kaum einer anderen Zeit im Leben kennt man sich besser mit Dinosauriern aus als mit ungefähr vier Jahren oder als Eltern von Vierjährigen. Wenn auch ihr kleine Dino-Fans in der Familie habt, dann haben wir hier genau den richtigen Tipp für euch. Vor Millionen Jahren lebten hier in der Region um Georgenthal im Thüringer Wald verschiedene Saurier – das können 50 bislang ausgegrabene Skelette bezeugen. An dieser echten Saurierfundstätte führt heute ein 4,5 km langer Pfad entlang, auf dem euch insgesamt 20 Urzeit-Echsen begegnen.

Auf einen Blick

- *4,5 km langer Pfad (hin und zurück 9 km) bis zur Lohmühle*
- *Start: Schloßplatz, 99887 Georgenthal*
- *Busverbindung für den Rückweg*
- *nicht barrierefrei*
- *Einkehrmöglichkeit: Schloss Café Georgenthal*

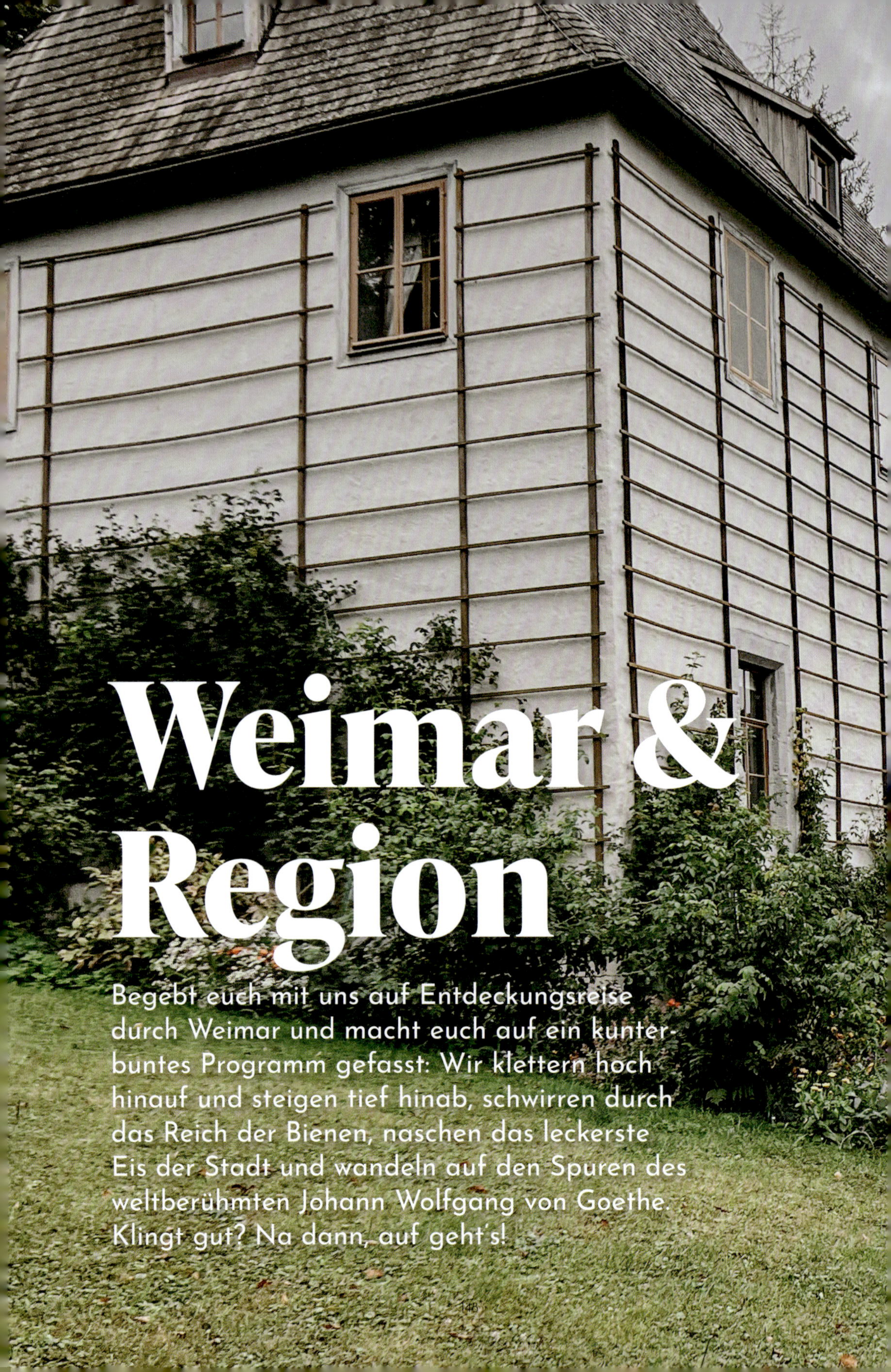

Weimar & Region

Begebt euch mit uns auf Entdeckungsreise durch Weimar und macht euch auf ein kunterbuntes Programm gefasst: Wir klettern hoch hinauf und steigen tief hinab, schwirren durch das Reich der Bienen, naschen das leckerste Eis der Stadt und wandeln auf den Spuren des weltberühmten Johann Wolfgang von Goethe. Klingt gut? Na dann, auf geht's!

Goethes
Gartenhaus

Goethe-Schiller-Denkmal vor dem Deutschen Nationaltheater

Wusstest du, dass ...

3.000

Archäologie-Exponate sind im Museum für Ur- und Frühgeschichte ausgestellt.

3 Tage

dauert der Weimarer Zwiebelmarkt, Thüringens größtes und bekanntestes Volksfest.

8 Jahre

müsst ihr mindestens alt sein, um eine Vorlesung an der Kinder-Uni Weimar zu besuchen.

1.000.000

Werke umfasst der Bestand der Herzogin-Anna-Amalia-Bibliothek.

1990

eröffnete Weimars wohl skurrilster Laden: Die Mineralien- und Fossilienhandlung in der Schillerstraße 6.

200.000

bis 250.000 Jahre war der „Ehringsdorfer Urmensch" alt, als man sein Skelett im Südosten Weimars fand.

MACH MIT! Angebote der Klassik Stiftung Weimar

Viele Dinge lassen sich besser begreifen, indem man sie ergreift. So oder so ähnlich könnte das Motto der MACH MIT!-Angebote der Klassik Stiftung lauten. In diesen Workshops könnt ihr mit euren Kindern verschiedenes Handwerk und kreatives Schaffen ausprobieren. Und das Beste daran: Alle Angebote sind kostenlos, dürfen von Jung und Alt genutzt werden und bedürfen nicht mal einer Anmeldung. Also los, werdet kreativ!

Designlabor im Bauhaus-Museum Weimar

Das Werklabor ist Designlabor und Makerlab zugleich. Hier könnt ihr experimentell entdecken, wie Gestaltungsprozesse unseren Alltag prägen. Ausgangspunkt sind Fragestellungen des historischen Bauhauses, die wir ins Heute übertragen. Für eure Experimente stehen unterschiedlichste Materialien und moderne Techniken zur Verfügung. (Sa & So 10–13 Uhr).

Stéphane-Hessel-Platz 1, 99423 Weimar

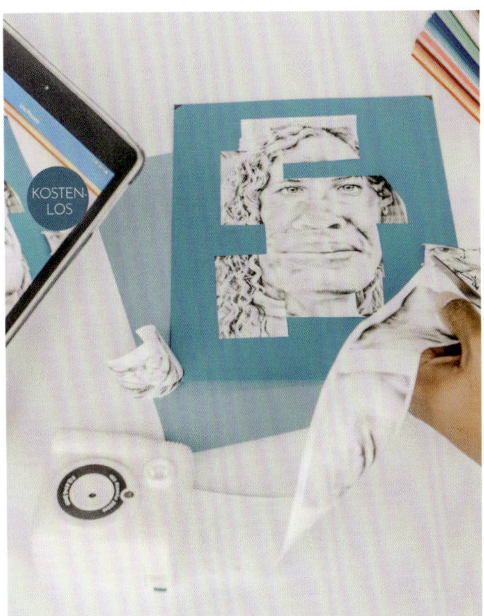

DIY-Werkstatt im Museum Neues Weimar

Im Werkcafé liegt der Fokus auf dem gemeinsamen Gestalten mit Holz, Metall und Leder, um individuelle Einrichtungsgegenstände und Kunstwerke herzustellen. (Sa & So 14–17 Uhr).

Jorge-Semprún-Platz 5, 99423 Weimar

Buchbindewerkstatt im Museum Neues Weimar

Die Buchbindewerkstatt bietet eine Kombination aus Ausstellung und interaktiven Erlebnissen mit historischen Maschinen. Probiert euch während der Museumsöffnungszeiten an einer Buchbindestation und erstellt euer eigenes Heft.

Jorge-Semprún-Platz 5, 99423 Weimar

Klassik-Werkstatt in Schillers Wohnhaus

Im Studiolo könnt ihr während der Öffnungszeiten in Schillers Werken blättern und euch an MACH MIT!-Stationen in seine Wohn- und Sprachkultur vertiefen. (Fr ganzjährig & Sa von April bis Oktober, 13–16 Uhr).

Schillerstraße 12, 99423 Weimar

Entdeckerrucksack in Goethes Gartenhaus

Im Park an der Ilm gelangt ihr schließlich zum legendären Gartenhaus Goethes, was so hübsch ist, dass sich ein Besuch an sich schon lohnt. Doch hier erwartet euch auch noch ein neues Abenteuer. Für 5 Euro könnt ihr euch einen Entdeckerrucksack ausleihen und damit die Umgebung erkunden. Darin befinden sich eine Art Schatzkarte und kleine Kisten und Behälter mit spannenden Aufgaben und Rätseln für die Kinder. Der Eintritt ins Gartenhaus ist kostenfrei.

Park, an der Ilm 1, 99425 Weimar

Deutsches Bienenmuseum

Honig kommt von den Bienen, ja klar. Aber wie genau stellen die fleißigen Insekten den süßen Aufstrich eigentlich her? Genau das findet ihr im Deutschen Bienenmuseum heraus. Wenn ihr die Ausstellung im Inneren des Museums bestaunt habt, könnt ihr auch im Außenbereich noch einiges über die Imkerei lernen. In den Sommerferien gibt es außerdem Angebote wie die Kreativwerkstatt Bienenwachs und ein Bastelstübchen. Auf der Suche nach süßen Andenken und allerlei anderen Produkten aus Honig oder Bienenwachs werdet ihr garantiert im Hofladen fündig. Nach eurem Besuch im Deutschen Bienenmuseum knurren eure Mägen? Kein Problem, das Restaurant „Bienenstock" mit seiner kleinen, aber feinen Karte serviert euch u. a. leckersten Kaiserschmarrn.

Ilmstraße 3, 99425 Weimar

TIPP

Über die „Weimar+ App" könnt ihr mithilfe von Augmented Reality kleine Teufelchen aus dem Park vertreiben und ihn somit retten.

Park an der Ilm

„Weimar ist eigentlich ein Park, in welchem eine Stadt liegt." Mit dieser Aussage hätte der Schriftsteller Adolf Stahr den Nagel nicht besser auf den Kopf treffen können. Denn tatsächlich ist der Park an der Ilm, ein 48 Hektar großer Landschaftsgarten am Rande der Altstadt, eines der prägendsten Merkmale Weimars. Der Park ist nicht nur weitläufig und damit perfekt für bewegungshungrige Kinder. Er hält auch zahlreiche kleine und große Überraschungen bereit, die entdeckt werden wollen.
Da wären z. B. die imposante Ruine des Tempelherrenhauses, das Löwenkämpferportal, die Sphinxgrotte oder auch die Parkhöhle, ein System von Felsenkellern und Stollen, das ihr besichtigen könnt. Klingt das nicht alles aufregend? Noch abenteuerlicher wird es, wenn ihr euch auf die Suche nach Deutschlands ältester erhaltener Hängebrücke macht. Die sogenannte „Schaukelbrücke" verbindet den Park an der Ilm im Osten mit der Belvederer Allee.

99425 Weimar

Museum für Ur- und Frühgeschichte Thüringens

Begebt euch mit euren Kindern auf eine spannende Reise in die Vergangenheit und bestaunt Schätze aus 400.000 Jahren Geschichte! Im Museum für Ur- und Frühgeschichte Thüringens erwarten euch interaktive Ausstellungen, die das Leben in der Steinzeit, die Welt der Mammuts und die ersten Spuren menschlicher Kultur bis in des frühe Mittelalter begreifbar machen. Speziell für Kinder werden im Museum Führungen und Workshops angeboten, in denen die Mini-Forschenden selbst mit steinzeitlichen Werkzeugen arbeiten, Schmuck nach bronzezeitlichen Vorbildern herstellen und vor allem das Leben der frühen Menschen spielerisch kennenlernen.

Humboldtstraße 11, 99423 Weimar

Kletterhalle Energie-Wände

Weimars Kletterhalle ist nicht nur unglaublich modern und einladend gestaltet, sondern ein richtig toller Ausflugsort für Groß und Klein. Kletter-Neulinge können erst einmal an der Ausbildungswand üben, ehe sie sich an die „richtige" Kletterfläche wagen. Diese unterteilt sich in einen Außen- und einen Innenbereich und hält mehr als 100 Routen in den unterschiedlichsten Schwierigkeitsgraden bereit. Hinzu kommt ein großer Boulderbereich, in dem ihr ohne Sicherung in Absprunghöhe klettern könnt. Was die Energie-Wände sonst noch zu bieten haben? Kletterkurse, inklusives Klettern für Menschen mit Behinderung, spezielle Angebote für Kindergeburtstage, ein Bistro und einen kleinen Shop.

Kromsdorfer Straße 11, 99427 Weimar

Schloss & Park Belvedere

Im Schloss Belvedere und der umliegenden Parkanlage könnt ihr euch wie echte Herzöge und Herzoginnen fühlen. Die ehemalige Sommerresidenz von Weimars Adel erscheint wie ein Ort aus einer anderen Zeit und ist bei all dem Prunk doch auch überraschend familienfreundlich. Besonders beliebt bei Kindern sind die Springbrunnen, die Kunstruine „Große Grotte" und das Labyrinth. Auch die historische Orangerie ist ein spannender Ort, der viele Geschichten zu erzählen weiß. Noch mehr, beispielsweise über die Menagerie mit ihren exotischen Tieren, erfahrt ihr im Pavillon des Schlosses. Hier erwartet euch ein interaktives Parkmodell.

Burgplatz 4, 99423 Weimar

TIPP

Über die „Weimar+ App" könnt ihr kleine Rätsel lösen und der Gärtnerin von Belvedere bei der Pflege des Parks helfen.

TIPP
WEIMAR ENTDECKEN

Im Kinderbüro, Goetheplatz 11, bekommt ihr eine Startkarte extra für Kinder. Darauf sind beispielsweise alle Spielplätze Weimars eingezeichnet.

Café und Restaurant Gretchens

Übernachtung im Familienhotel Weimar

Ihr möchtet gerne in Weimar übernachten, aber bitte recht zentral? Und es wäre auch ganz nett, wenn die Unterkunft familienfreundlich ist? Kein Problem! Das Familienhotel Weimar, das wir euch wärmstens empfehlen möchten, befindet sich nicht nur in der malerischen Seifengasse (neben Goethes Wohnhaus), es trägt „Familie" sogar im Namen. Es besteht aus mehreren modernen und geräumigen Ferienwohnungen. Perfekt, oder?

Einkehr im Gretchens

Im Erdgeschoss des Familienhotels befindet sich das Restaurant und Café Gretchens. Selbst wenn ihr keine Hotelgäste seid, könnt ihr hier einkehren und heißen Kakao schlürfen oder wirklich sehr lecker essen (probiert zu Suppen oder Salaten das phänomenale Brot!). An die kleinen Gäste wird hier ganz liebevoll gedacht: zum einen mit der guten Kinderkarte, zum anderen mit der hübschen Spielecke und den Vorlesebüchern.

Seifengasse 8, 99423 Weimar

CRÊPERIE DU PALAIS
Windischenstraße
Am Palais
Windischenstraße
PIZZERIA DA ANTONIO

Gastro-Tipps für Familien

Ihr kennt unsere goldene Regel: Wer Ausflug sagt, muss auch Einkehr sagen. Hier gibt es unsere Tipps, wo ihr in Weimar mit Kindern gut einkehren könnt.

1 Liebstes Eis

Naschkatzen auf Streifzug durch Weimar sollten unbedingt in der Windischenstraße Halt machen. Denn hier bekommt ihr im „Eiscafé Biebereis" neben süßen Versuchungen wie Törtchen und farbenfrohen Macarons das wohl leckerste Eis der Stadt: und zwar in 18 verschiedenen Variationen.
Windischenstraße 18, 99423 Weimar, Erfurter Straße 35, 99423 Weimar

2 Beste Pommes

Mal als Hauptmahlzeit oder einfach als kleine Gönnung zwischendurch: Die Pommes von "Fritz Mitte" sind fast ein Muss. Hier gibt es nicht nur die köstlich frittierten Kartoffelstäbchen, sondern dazu auch zig verschiedene Mayo-Spezialitäten. Ein Knaller!
Schützengasse 8, 99423 Weimar

3 Köstliche Crêpes

In Frankreich weiß man, dass die hauchdünnen Pfannkuchen nicht nur mit süßem Belag schmecken. In der "Creperie du Palais" könnt ihr herzhafte Galettes, Flammkuchen und natürlich auch süße Crêpes kosten. Dazu gibt es eine charmante Bistro-Atmosphäre mit Außenterrasse.
Am Palais, 99423 Weimar

4 Das schönste Sommer-Café

Versteckt im Hof des Kirms-Krackow-Hauses befindet sich nicht nur ein wunderschöner Biedermeiergarten, sondern auch das Café Lieblingsgarten'. Hier gibt es Leckereien im Grünen und doch mitten in der Stadt.
Jakobstraße 10, 99423 Weimar

5 Außergewöhnliche Location

Das Bauhaus gehört zu einem Weimar-Besuch dazu. Im Bauhaus-Museum könnt ihr auch wunderbar einkehren. Das dazugehörige Café Kunstpause überzeugt nicht nur mit der tollen Location, sondern auch mit sehr gutem Frühstück.
Stéphane-Hessel-Platz 1, 99423 Weimar

Avenida-Therme

Ein wahrer Klassiker direkt am Ufer vom Stausee Hohenfelden ist die Avenida-Therme. Hier bekommt ihr das ganze Jahr über die perfekte Mischung aus Badespaß und Wellness. Da ist garantiert für jedes Familienmitglied etwas dabei. Neben einem Freizeitbad mit mehreren coolen Rutschen, Piratenschiff, Vulkangrotte, Strömungskanal, Kleinkindbereich, Außenschwimmbereich und Poolbar überzeugt auch der Spa-Bereich auf der ganzen Linie. Einige Saunen und andere Wellness-Angebote bieten auch euren Kids eine entspannende Auszeit. Außerdem bekommt ihr im Saunarestaurant ein echt leckeres, gesundes und regionales Gastro-Angebot, das euren Besuch in der Avenida-Therme perfekt abrunden wird.

Am Stausee 1, 99448 Hohenfelden

Freilichtmuseum Hohenfelden

Wie lebten die Menschen in Thüringen vor mehreren hundert Jahren? Wenn ihr dieser Frage auf den Grund gehen wollt, dann lasst euch auf keinen Fall das Freilichtmuseum Hohenfelden entgehen. Denn hier könnt ihr regelrecht in den ländlichen Alltag der Menschen von damals eintauchen. Besonders empfehlenswert sind die Kinder-Erlebnisführungen. Hierbei erfahrt ihr nicht nur Wissenswertes über die unterschiedlichen Gebäude auf dem Museumsgelände, sondern werdet auch selbst aktiv – zum Beispiel beim Butterstampfen oder Wäschewaschen. Übrigens: Um den Besucher:innen des Freilichtmuseums möglichst viel bieten zu können, wurden in ganz Thüringen historische Gebäude ab- und in Hohenfelden wieder aufgebaut.

Am Eichenberg 1, 99448 Hohenfelden

Aktivpark Hohenfelden

Eure Kids wollen sich auf Ausflügen bewegen und so richtig schön auspowern? Dann ist der Aktivpark Hohenfelden genau die richtige Adresse für euch. Denn nur einen Steinwurf vom Stausee entfernt erwartet euch ein wahres Paradies für alle, die es sportlich mögen. Herzstück des Parks ist der Kletterwald mit seinen sieben abwechslungsreichen Parcours. Von anfängerfreundlich bis abenteuerlich ist hier für jeden Geschmack etwas dabei. Spaß ist auf allen Kursen garantiert.
Wenn nach dem Klettern noch Power übrig ist, könnt ihr euch direkt ins nächste Erlebnis stürzen. Ob beim Adventure-Golf (nicht zu verwechseln mit klassischem Minigolf), auf dem Bungee-Trampolin oder beim Bogenschießen – im Aktivpark Hohenfelden könnt ihr nach Herzenslust toben und Neues ausprobieren. Zum Abschluss des Tages warten der Kletterspielplatz, ein kleines Streichelgehege und eine einladende Snackterrasse auf euch.
Am Stausee 6, 99448 Hohenfelden

Herrliche Aussichten mit Kribbeln im Bauch.

Henriettenhof

Der 300 Jahre alte Henriettenhof bei Bad Berka sieht aus wie eine Filmkulisse und versprüht ein einzigartiges Flair, das Familien in Staunen versetzt. Lasst euch entführen in eine Welt aus nostalgischem Ambiente, Thüringer Gastlichkeit und ganz viel Liebe zur Ursprünglichkeit. Ein Spielplatz, Tiere, weite Wiesen, Wälder und Flusslandschaften machen das ehemalige Gutshaus mit 15 Zimmern zum perfekten Ort für eine Alltagsflucht mit Kindern. Durch die Lage direkt am Ilmtal-Radweg ist es außerdem ein Leichtes, hier sportlich aktiv zu werden und die malerische Umgebung mit dem Fahrrad zu erkunden.

Tonndorfer Straße 3-4, 99438 Bad Berka OT München

Thüringer Kloß-Welt

Wenn „Kloß mit Soß'" auf der Kinderspeisekarte steht, dann könnt ihr euch ziemlich sicher sein: Ihr seid in Thüringen. Dass dieses Bundesland ziemlich stolz auf sein „Nationalgericht" ist, ist in der Heichelheimer Kloß-Welt nicht zu übersehen. Denn hier werden nicht nur besonders leckere Exemplare der kartoffeligen Kugel produziert, es wird ihr ein Denkmal gesetzt.

Im Thüringer Kloßmuseum könnt ihr allerhand Besonderes und auch Kurioses über die schmackhafte Beilage lernen und sowohl den wahrscheinlich größten begehbaren Kloß als auch den kleinsten Kloß der Welt besichtigen. Noch spaßiger wird es in der Kinder-Kloß-Welt. Hier erwarten euch eine Kinder-Krabbel-Kloß-Kiste, eine Kloß-Pyramide, der Kloß-Express und – natürlich! – eine Kloß-Kugelbahn. Weil allein der Gedanke an so viele Klöße ganz schön hungrig macht, könnt ihr anschließend im Café Klößchen auch standesgemäß schnabulieren und verschiedene Köstlichkeiten genießen.

Heichelheimer Hauptstraße 3, 99439 Heichelheim

Jena

Eine Reise zu den Sternen oder doch lieber in die Eiszeit? Paddel-Abenteuer auf der Saale erleben oder Wissenschaftler:in für einen Tag sein? In der Lichtstadt Jena ist all das – und noch so viel mehr – möglich.

Aussichtspunkt
am Jenzig

JenTower
ZONE
Deutsche Bank
30

Wusstest du, dass ...

159,60

Meter misst der JenTower inklusive Funkantenne.

100 +

interaktive Exponate stehen euch auf der Imaginata zum Experimentieren zur Verfügung.

1926

eröffnete das Jenaer Großplanetarium. Es ist damit das älteste der Welt.

15.432

Menschen können sich die Spiele vom FC Carl Zeiss Jena im Ernst-Abbe-Sportfeld anschauen.

10.000

Pflanzenarten aus allen Vegetationszonen der Erde könnt ihr im Botanischen Garten bestaunen.

91

Kilometer lang ist die SaaleHorizontale, ein Weitwanderweg, der rund um Jena verläuft.

Strand 22

Jena Paradies

Der Volkspark Oberaue, besser bekannt als „Paradies“, ist so etwas wie das grüne Herz Jenas. Wer den urbanen Trubel der Stadt hinter sich lassen möchte, kommt hierher und kann sich auf eine Vielzahl an Möglichkeiten freuen. Dies sind die besten Orte und Ideen für einen rundum gelungenen Familienausflug:

Spielplatz mit Paradiescafé

Gemütlich einen Kaffee trinken und dabei immer die Kinder im Blick haben, die auf dem benachbarten Spielplatz tollen – das Paradiescafé gehört definitiv zu den places to be, wenn ihr mit Nachwuchs im Paradies unterwegs seid. Der Spielplatz hat für alle Altersgruppen einiges zu bieten. So richtig abenteuerlich sind das Piratenschiff und die rasante Seilrutsche.

Skatepark und Slackline-Anlage

Größere Kinder auf der Suche nach sportlichen Herausforderungen zieht es fast schon automatisch zum Skatepark und zur Slackline-Anlage. Hier können sich auch die Erwachsenen austoben und herausfinden, zu was ihre Körper in der Lage sind.

Saale-Ufer

Wenn es im Sommer drückend heiß in der Stadt wird, ist der Paradiespark besonders beliebt – unter anderem weil sich die Saale gemächlich durch die Grünanlage schlängelt und mit ihren flachen Ufern die idealen Zugänge für eine kleine Abkühlung bietet.

Der Strand22

Leckes Eis, kühle Getränke, dazu ein cooles Ambiente und die direkte Lage am Fluss: Der Strand22 ist eine der angesagtesten Locations in Jena. Hier könnt ihr nicht nur die Seele bau-

meln lassen, sondern auch SUPs, ein Ruderboot oder ein Schwanen-Tretboot namens Sissy ausleihen.

Märchenbrunnen

Findet ihr den Märchenbrunnen mit seinen drolligen Figuren? Zwar ist nicht ganz klar, welches Märchen hier dargestellt werden soll, doch putzig sind die tierischen Gestaltungselemente allemal. Außerdem laden sie dazu ein, sich kurzerhand eine eigene Geschichte auszudenken. Lasst eurer Fantasie freien Lauf.

Schleichersee

Ganz im Süden vom Volkspark Oberaue liegt der Schleichersee, auch bekannt als Südbad, mit Sandstrand, Kiosk, Spielplatz, Volleyballfeld, abgetrenntem Nichtschwimmer-Bereich und Toiletten. Richtig kultig ist das Neujahrsschwimmen am 1. Januar.

Knebelstraße, 07743 Jena

Imaginata – ein Experimentarium

Auf der Suche nach Inspiration für einen coolen Ausflug mit neugierigen Kindern? Dann ab mit euch zur Imaginata im Norden von Jena. Der Stationenpark mit mehr als 100 interaktiven Exponaten ist ein Paradies für Kinder, deren Wissensdurst nur schwer gestillt werden kann. Denn hier ist selbst Ausprobieren und Experimentieren nicht nur erlaubt, sondern ausdrücklich gewünscht. Noch nie hat Naturwissenschaft so viel Spaß gemacht! Freut euch auf ganz viele Aha-Momente, vor Staunen aufgerissene Kinderaugen und auch ein bisschen Nervenkitzel. Eines der Highlights der Imaginata ist nämlich ein Fahrrad, mit dem eure Kinder über ein Drahtseil fahren können!

Löbstedter Straße 67, 07749 Jena

Zeiss-Planetarium

Das Jenaer Zeiss-Planetarium ist ein ganz und gar magischer Ort, der nicht nur Nachwuchs-Astronaut:innen begeistern wird. Die unterschiedlichen Shows und Programme, die unter der gewölbten Kuppel gezeigt werden, entführen euch dank des einzigartigen 360°-Blicks in fantastische Welten: Erlebt das zauberhafte Farbenspiel der Nordlichter, geht mit den „Olchis" auf Weltraumreise oder lernt das kleine 1x1 der Sterne. Ihr fahrt mehr auf Dinosaurier ab, möchtet in eine faszinierende Unterwasserwelt abtauchen oder in der Adventszeit ein Märchen genießen? Auch das – und noch vieles mehr! – ist im Zeiss-Planetarium, dem dienstältesten Projektionsplanetarium der Welt, möglich.

Am Planetarium 5, 07743 Jena

WISSEN

Die Betonkuppel vom Planetarium hat einen Durchmesser von 25 Metern, ist aber gerade einmal 6 cm dick.

SaurierPfad am Jenzig

Der Lehrpfad am Fuße des Jenzigs begeistert kleine wie große Wandersleute, denn er lässt analoge und digitale Elemente miteinander verschmelzen. An 13 Stationen erfahrt ihr jede Menge über Saurier und die Zeit, in der sie lebten. Immer an eurer Seite: Trixi Trias, eine kleine Urzeitechse. Mithilfe einer Smartphone-App und Augmented Reality könnt ihr die Dinos an manchen Stopps sogar „zum Leben erwecken" und sehen, wie Jena zur Zeit der Eiszeit ausgesehen hat – ein wirklich faszinierendes Erlebnis. Auf dem Jenzig angekommen, werdet ihr mit einer fantastischen Aussicht belohnt und könnt zur Stärkung ins „Berggasthaus Jenzig" einkehren.

Auf einen Blick

- *Start: Bahnhaltestelle Jenzigweg, 07749 Jena*
- *mit ÖPNV erreichbar*
- *2 km langer Weg (hin und zurück 4 km)*
- *knapp 200 Höhenmeter*
- *kinderwagentauglich*

TIPP
DIGITALES ERLEBNIS

Bittet eure Eltern, die jeweiligen Apps schon zu Hause herunterzuladen, damit das Abenteuer vor Ort direkt beginnen kann.

KOSTENLOS

WaldPfad Schlauer Ux

Welchem Waldbewohner gehören welche Fußspuren? Warum sind tote Bäume so wichtig für den Wald? Und wieso taucht der Wald eigentlich in so vielen Märchen auf? Diese und noch viele weitere spannende Fragen beantwortet euch der Schlaue Ux, ein netter Fuchs mit Weste und Hut auf dem gleichnamigen Naturlehrpfad. Das Besondere: Neben klassischen Schautafeln und verschiedenen Mitmach-Elementen vermitteln die 20 Stationen auch digital reichlich Wissen rund um den Lebensraum Wald. Wenn ihr euch die App „natura jenensis" herunterladet, könnt ihr mittels Smartphone den Schlauen Ux direkt vor eure Augen „zaubern".

Auf einen Blick

- *Start & Ziel: Wanderparkplatz Schrottplatz, 07745 Jena*
- *4,2 km langer Rundwanderweg*
- *knapp 50 Höhenmeter*
- *barrierefrei für Kinderwagen und Co.*

Ab auf die längste Rutsche in ganz Thüringen!

GalaxSea

Rein in die Badesachen und auf ins Urlaubsabenteuer direkt vor der Haustür! Im großen Wellenbecken des Freizeitbades GalaxSea kommen bei angenehmen Temperaturen zu jeder vollen Stunde hohe Wellen auf, als würdet ihr im Ozean baden. Auch darüber hinaus gibt es hier viel Spaß rund ums Wasser: Sportbecken, Sprungtürme und zahlreiche Wasserspiele sorgen für viel Abwechslung. Auf Wagemutige wartet der dunkle Schlund der Black-Hole-Rutsche, eine der längsten Rutschanlagen Thüringens. Wenn es nach der Aufregung etwas Erholung sein darf, empfehlen wir euch einen Besuch in der großen Saunalandschaft.

Rudolstädter Str. 37, 07745 Jena

Botanischer Garten

Von gigantisch groß bis winzig klein – im „Botanischen Garten Jena" könnt ihr die unterschiedlichsten Pflanzen aus aller Welt bestaunen. Die grüne Insel inmitten der Stadt ist ein toller Tipp für regnerische Tage, an denen ihr trotzdem etwas Tolles erleben wollt. Besonders beeindruckend: das Victoriahaus mit der Riesen-Seerose Victoria und das Tropenhaus, in dem sich die Palmen meterhoch bis zum Dach gen Sonne recken. Spannend sind auch die unzähligen Kakteen, die im Sukkulentenhaus darauf warten, von euch unter die Lupe genommen zu werden. Wenn das Wetter passt, könnt ihr auch im Außenbereich euer Wissen über Pflanzen erweitern. Hier ist vor allem das Alpinum einen Besuch wert.

Fürstengraben 26, 07743 Jena

Gastro-Tipps für Familien

Ihr kennt unsere goldene Regel: Wer Ausflug sagt, muss auch Einkehr sagen. Hier gibt es unsere Tipps, wo ihr in Jena mit Kindern gut einkehren könnt.

1

Tillies Spielecafé

Auf der Speisekarte von Tillies Spielecafé spielen die Snacks, Säfte und Heißgetränke nur eine Nebenrolle. Stars sind hier die über 1.300 (Brett-)Spiele, die den perfekten Familiennachmittag versprechen.

Grietgasse 2, 07743 Jena

2

Handeis

So 'ne Kugel Eis ist 'ne runde Sache. Wenn die dann auch noch frisch, saisonal und aus hochwertigen und regionalen Zutaten und ganz ohne Chemie und Zusatzstoffe hergestellt wird, dann ist das einfach Eis, wie wir es mögen!

Johannisplatz 10, 07743 Jena

3

Fritz Mitte

Wer Pommes liebt, der schreit mal kurz: „Hier!" Okay, das war deutlich! Für euch Pommes-Liebhaber gibt es dann keinen Weg vorbei an „Fritz Mitte", denn hier gibt es die besten (Süßkartoffel-)Fritten der Stadt und obendrauf so coole Saucen-Kreationen wie Trüffel- oder Parmesan-Rosmarin-Mayo.

Johannisplatz 21, 07747 Jena & Neugasse 5, 07743 Jena

Saaleschleife

Saaleland

Mit ihrer malerischen Flusslandschaft, ihren historischen Burgen und idyllischen Talsperren verbindet die Region Abenteuer und Entspannung: ob aufregender Burgbesuch, Wasserspaß an der Saale oder magische Begegnungen.

Burg Ranis

Wusstest du, dass ...

196,3

Kilometer lang ist die Saale allein in Thüringen. Sie fließt aber auch durch Bayern und Sachsen-Anhalt.

1084

wurde die Burg Ranis das erste Mal urkundlich erwähnt und ist damit stattliche 950 Jahre alt.

60

Burgen standen einmal entlang der Saale und machten sie damit zu einem der burgenreichsten Flüsse in ganz Europa

87.600

Schwimmbad-Füllungen würde die Bleilochtalsperre hergeben, sie ist die größte Talsperre Deutschlands

1.000

Einzelfiguren und 1.000 Einrichtungsgegenstände zählt die Miniatur-Ausstellung „Rococo en Miniature".

412

Meter lang und 75 Meter hoch ist die gigantische Staumauer am Hohenwarte Stausee.

WISSEN

Das „weiße Gold“ wurde gleich mehrmals erschaffen. Im China des Altertums, im Kurfürstentum Sachsen und unabhängig davon in kleinen Dörfern des Thüringer Waldes.

Die größte Porzellan-Vase der Welt mit einer Höhe von 8 Metern

Lasst die Teller fliegen!

Leuchtenburg

Die „Königin des Saaletals" – so wird die Leuchtenburg genannt – ist schon aus kilometerweiter Entfernung zu erkennen. An jeder Ecke wartet eine neue Entdeckung oder spannende Inszenierung auf euch. Die Burg selbst ist schon ein absolutes Highlight, das liegt auch an der herrlichen Lage. Im Inneren der Leuchtenburg befindet sich eine spektakuläre interaktive Ausstellung, in deren Mittelpunkt die Geschichte des Porzellans steht. Denn das wurde hier in der Region hergestellt. Versucht euch darin, die richtige Rezeptur für Porzellan zu finden und kommt den Geheimnissen des „weißen Goldes" auf die Spur. Zeigt all euren Mut und steigt durch das Drachenmaul, denn es führt euch zu den spannendsten Geschichten der Burg. Die liebevoll restaurierte Burganlage steckt voller Überraschungen, von geheimnisvollen Gewölben bis zu mächtigen Wehrmauern.

Und wenn ihr dann noch einen Porzellanteller – beschriftet mit eurem eigenen Wunsch – über den Steg der Wünsche ins Tal fallen lasst, dann wird dieser Besuch für euch und eure Kinder unvergesslich und die Scherben bringen euch Glück.

Leuchtenburg, Dorfstraße 100, 07768 Seitenroda

Mühlenfähre

Ein Tag am Hohenwarte Stausee

Fast wie am echten Meer fühlt sich ein Tag am „Thüringer Meer" an. So wird der Hohenwarte Stausee und die Region bis zur Bleilochtalsperre liebevoll genannt. Hier könnt ihr schwimmen, Wassersport ausüben, Boot und sogar Schiff fahren und mit der einzigen Autofähre Thüringens übersetzen. Wenn das nicht eine Menge Abenteuer verspricht!

Schiff und Boot fahren

Mit dem Schiff startet ihr direkt an der gigantischen Staumauer und schippert von hier über den Stausee. Die Touren dauern 1,5 Stunden und starten (während der Saison) dreimal täglich. Ihr wollt selbst Kapitän:in sein? Kein Problem. Ihr könnt euch ein kleines Motorboot oder auch ein Tret- oder Ruderboot ausleihen und den 27 Kilometer langen Stausee auf eigene Faust erkunden.

Wandern am Hohenwarte Stausee

Auch Wanderungen entlang der gut ausgeschilderten Wege bieten Spaß und spannende Ausblicke. Ein Highlight für Kinder ist eine Wanderung zum Ziegenhof. Hier könnt ihr die meckernden Vierbeiner besuchen, auf dem kleinen Spielplatz toben, Trettraktor fahren und selbstgemachtes Eis schlecken.

Neumannshof 2, 07389 Gössitz

Einkehr

Die Linkenmühle befindet sich direkt am Fähranleger, sodass ihr vom Biergarten aus – mit einem Eis in der Hand – der Fähre beim Hin- und Herfahren zuschauen könnt. Auch die Klöße schmecken hier wunderbar.

Linkenmühle 92, 07389 Gössitz

Übernachtungen für Familien

Urlaub auf dem Hausboot

Bei so vielen Abenteuern bietet es sich an, gleich mehrere Tage am Hohenwarte Stausee zu verweilen. Rund um den See gibt es mehrere Campingplätze und Ferienhäuser. Dort erwartet euch ein Urlaub zwischen Bergen, Wasser und Wald. Herrlich! Ihr könnt sogar auf dem See übernachten und zwar in den stylischen Hausbooten von „Rollyboot". Ein Hausbooturlaub verbindet Natur, Freiheit und Erholung. Perfekt, wenn ihr nach Ruhe mit einer Prise Abenteuer inmitten der idyllischen Thüringer Landschaft sucht. Für die Hausboote wird kein Bootsführerschein benötigt und sie bieten Platz für bis zu vier Personen.

Campingplatz Hopfenmühle, 07338 Drognitz

Glamping WiesenBett

Natur pur gibt es im „WiesenBett". Am Hohenwarte Stausee wird es idyllisch und gemütlich mit direktem Zugang zum See. Und Bauernhof-Feeling gibt es noch on top! Was will man mehr? Auf dem angrenzenden Hof leben Dexter-Rinder, Esel, Schweine, Zwergziegen, Gänse, Hühner und Kaninchen. In unmittelbarer Nähe befinden sich die komfortablen WiesenBett-Zelte mit fließendem Wasser, aber ohne Strom. Sie liegen etwas erhöht am Waldrand, sodass ihr einen freien Blick auf den Hohenwarte Stausee genießen könnt.

Altenroth 65, 07338 Altenbeuthen

TIPP
AUSSICHTSPUNKT SAALESCHLEIFE

Diese Postkarten-Ansicht dürft ihr nicht verpassen! Startpunkt ist Paska, wo ihr parken könnt und über ausgeschilderte Wege zur Saaleschleife gelangt.

Burg Ranis

In alten Burgen erfährt man so einiges über das Leben im Mittelalter. So ist das natürlich auch auf der Burg Ranis, inklusive alter Ritterrüstungen und allem drum und dran. Doch ihr könnt auf der thüringischen Burg noch viel weiter zurück in der Zeit reisen. Nämlich bis zur Entstehung der Erde! Wusstet ihr etwa, dass es hier im Orlatal mal ein Riff gegeben hat? Und dass hier in der Eiszeit bereits die ersten Menschen gelebt haben? Genau unterhalb der Burg – in der Ilsenhöhle – befindet sich eine spannende Ausgrabungsstätte. All das und noch mehr erfahrt ihr in der interaktiven Ausstellung im Museum der Burg.

Burg Ranis, 07389 Ranis

Auf den Spuren der Eiszeit.

TIPP

FOTO-SPOT

Findet den Riesen-Baum Fridolin und setzt euch in seine Hand. Das gibt ein tolles Erinnerungsfoto!

Feenweltchen

Feenzauber in Saalfeld

Das ist buchstäblich einer der zauberhaftesten Orte in ganz Thüringen. Die Feengrotten in Saalfeld entführen euch in eine magische Welt. Also nichts wie auf in dieses Abenteuer!

Feenweltchen

Sobald ihr das Tor zum Feenweltchen durchschreitet, befindet ihr euch in einer anderen Welt, das wird sofort klar. Leises Kichern klingt durch den verwunschenen Wald. Glücklicherweise hat Fee Rosalie alle winzigen Feen groß gezaubert, sodass ihr sie mit bloßem Auge sehen könnt. Sie begegnen euch im Wald, wo sie euch Menschenkindern einen Feenkringel oder Drachenstempel ins Gesicht zaubern. Die Feenwelt hält noch einiges mehr an Überraschungen für euch bereit: eine riesengroße Kugelbahn, duftende Blumen- und Kräutergärten, einen gigantischen Abenteuerspielplatz samt Matschspielplatz und einen großen Goldgräber-Sandkasten, in dem ihr nach Münzen graben könnt.

Saalfelder Feengrotten

Die Magie geht unter Tage weiter: Unterwegs mit Zwergenumhang und Grubenlampe begebt ihr euch auf spannende Entdeckungstour durch das ehemalige Bergwerk bis hin zu den Feengrotten, die so einmalig farbenprächtig sind, dass sie sogar im Guinessbuch der Rekorde stehen.

Grottoneum & Wasserkunst

Im Grottoneum kommt ihr den Geheimnissen der Feengrotten auf die Spur. Hier könnt ihr Minerale zusammen puzzeln, Moleküle tanzen lassen und auf der Kinoleinwand sehen, wie die Feengrotten entstanden sind. Und an der Wasserkunst könnt ihr auf dem erfrischenden Wasserspielplatz plantschen und sogar Gold schürfen. Tipp: Der Eintritt ist im Feengrotten- oder Feenweltchen-Ticket enthalten.

WaldErlebnisPfad

Auf einem Rundweg von 2,5 Kilometern Länge befinden sich insgesamt 16 interaktive Stationen. Rund um die Feengrotten lernt ihr die heimische Natur und ihre Bewohner kennen.

Feengrottenweg 2, 07318 Saalfeld/Saale

TIPP

KINDERFÜHRUNG

Die Kinderführungen in den Feengrotten eignen sich für Kinder zwischen 4 und 9 Jahren. Reserviert vor eurem Besuch am besten.

Saalemaxx Freizeit- und Erlebnisbad Rudolstadt

Das Spaßbad Saalemaxx in Rudolstadt begeistert mit abenteuerlichem Rutschspaß für die ganze Familie! Spürt den Adrenalinkick auf den actionreichen Rutschen, taucht ins Wellenbecken ein oder lasst euch vom sprudelnden Strudel treiben. Für die Kleinsten gibt es einen liebevoll gestalteten Kleinkindbereich – Wasserspaß garantiert!
Und wenn euch der Sinn nach Erholung steht, könnt ihr hier auch ein ganz entspanntes Familien-Wellness-Angebot nutzen.

Hugo-Trinckler-Straße 6, 07407 Rudolstadt

Saalemaxx Erlebnishäuser für Familien

Direkt neben dem Erlebnisbad Saalemaxx warten die charmanten Erlebnishäuser auf Familien. Jedes Haus überrascht mit einem einzigartigen Motto und ist liebevoll eingerichtet – inklusive Spielzeug, Büchern und allem, was kleine und große Gäste glücklich macht. Das Highlight: Mit nur wenigen Schritten im Bademantel geht es vom Haus ins Bad. Ideal für einen Kurzurlaub voller Spaß, Erholung und Familienzeit!

Hugo-Trinckler-Straße 6, 07407 Rudolstadt

Hohe Wellen wie im Ozean.

TIPP

Hier könnt ihr Geld sparen: Kinder unter 14 Jahren zahlen keinen Eintritt.

Schloss Heidecksburg

Das Schloss Heidecksburg zählt zu den prachtvollsten Barockschlössern Deutschlands. Ihr kommt aus dem Staunen gar nicht mehr raus. Mit Museumspantoffeln an den Füßen erkundet ihr die prunkvollen Säle und taucht in spannende Geschichten aus der Zeit der Fürsten ein. Ein Highlight für Kinder ist die **Ausstellung „Rococo en Miniature"**, die mehr als 80 detailgetreue Miniaturwelten in großen Vitrinen zeigt. Mit viel Liebe zum Detail wird in den kleinen Welten das höfische Leben im 18. Jahrhundert gezeigt. Winzige Salons, Festtafeln und kunstvolle Rokoko-Kostüme lassen die Epoche im Maßstab 1:50 lebendig werden.
Zwei weitere Abenteuer erwarten euch hier: Eine **digitale Schnitzeljagd** durch die naturhistorische Sammlung sorgt für interaktiven Spaß. Alternativ bieten die Entdeckertaschen mit Kompass, Fernglas und Rätseln eine spannende Tour mit 9 Stationen, bei der Kinder von 6 bis 12 Jahren Schloss und Außengelände spielerisch erkunden können.

Schloßbezirk 1, 07407 Rudolstadt

Paddeln auf der Saale

Die Saale mit ihren sanften Strömungen, malerischen Ufern und historischen Burgen bietet die perfekten Voraussetzungen für eine Paddeltour mit der Familie. Wasserwandern ist nicht nur eine aktive Freizeitbeschäftigung, sondern auch eine wunderbare Gelegenheit, die Natur hautnah zu erleben. Die Saale ist ideal für Anfänger und bietet zahlreiche Einstiegsmöglichkeiten und sichere Routen. Besonders tauglich für Anfänger ist die Strecke von Jena Richtung Naumburg.

TIPPS ZUM WASSERWANDERN

1 Schwimmwesten, wasserfester, schwimmender Behälter für Wertgegenstände, wie Autoschlüssel, Handy & Co.

2 Ein Picknick an einem der Rastplätze ist immer eine gute Idee.

3 Sonnen- & Insektenschutz

4 Wasserfeste Kleidung und Schuhe. Ein Ersatzset Kleidung ist auch praktisch, falls jemand nass wird.

5 Plant die Tour an nicht zu heißen Tagen und für Anfänger reichen 2–3 Stunden Touren völlig aus.

Ziemestalbrücke

TIPP

Ganz in der Nähe der Ziemestalbrücke könnt ihr die Ruine der Wysburg erkunden.

Ziemestalbrücke

Seid ihr bereit für ein richtiges Abenteuer? Dann macht euch auf den Weg zur Ziemestalbrücke, einer 32 Meter hohen stillgelegten Eisenbahnbrücke in der Nähe von Drognitz. Das Besondere an diesem Koloss aus Stahl: Ihr könnt ihn nicht nur von unten bewundern, sondern mit älteren Kindern tatsächlich auch erklimmen. Habt ihr den Fuß der Brücke erreicht, führen links und rechts jeweils unscheinbare Trampelpfade bergauf. Hier sind Trittsicherheit und Konzentration gefragt!

Auf der Brücke angekommen, könnt ihr sie bei ausreichender Schwindelfreiheit ohne Probleme überqueren. Die besonders Mutigen unter euch können auch über eine kleine Treppe auf den tiefer liegenden Wartungsweg gelangen und sich dieses Denkmal der Ingenieurskunst aus nächster Nähe anschauen. Zu jeder Zeit gilt auf der Brücke: Seid vorsichtig und überschätzt euch nicht! Dann wird dieser Ausflug zu einem einzigartigen Erlebnis mit unglaublich tollen Fotomotiven.

Parkplatz am Ottergrund, 07338 Drognitz

Vogtland
Im „Land der Vögte“ warten eine Menge kleine und große Abenteuer auf euch. Erlebt Spaß am Wasser, taucht ein in die Welt der Märchen und lasst euch von der Vielseitigkeit des Vogtlandes überraschen.

Zeulenrodaer
Meer
BioSeehotel

Märchenwald
Wünschendorf

Wusstest du, dass ...

3

Bundesländer umfasst das Vogtland: Thüringen, Sachsen und Bayern. Ein Teil ragt bis ins tschechische Böhmen.

39.000

Kühe und 430.000 Hühner leben im Vogtland.

400

Quadratmeter Ausstellungsfläche könnt ihr im Schaubergwerk Ronneburg besichtigen.

1927

kam Mühlenbesitzer Herbert Schulze die Idee für den Märchenwald.

430.000

Menschen leben etwa im Vogtland.

6

Personen passen auf das XXL-SUP, mit dem ihr auf dem Zeulenrodaer Meer und der Weidatalsperre fahren könnt.

TIPP
IM SOMMER

Im Sommer lockt der große Biergarten des Bio-See-hotels Zeulenroda mit Matschspielplatz direkt am See.

Rund ums Zeulenrodaer Meer

Spaß am und auf dem Wasser

Ganz klassisch mit dem Kajak, sportlich mit dem SUP oder doch lieber spaßig mit dem Schwanentretboot? Das Zeulenrodaer Meer ist das ideale Ziel, wenn ihr euch für Wassersport begeistert und dabei eine malerische Naturkulisse genießen wollt. Mehrere Badestellen ermöglichen im Sommer außerdem unbeschwertes Plantschen.

Talsperre Zeulenroda, 07937 Zeulenroda-Triebes

Spaß an Land

Abenteuer in luftigen Höhen erwarten euch im Hochseilgarten. Vier verschiedene Parcours mit unterschiedlichen Schwierigkeitslevels in bis zu 14 m Höhe stehen für den Kletterspaß bereit. Daneben befindet sich der Fußballgolfplatz, eine Sportart, die erst einmal merkwürdig klingt. Doch sie funktioniert wie Minigolf, nur ohne Schläger und dafür mit größeren Bällen. Aber der Spaßfaktor ist der gleiche.

Bauerfeindallee 1, 07937 Zeulenroda-Triebes

In einem kleinen Waldgebiet am Stadtrand von Zeulenroda-Triebes befindet sich das Tiergehege, das für etwa 28 Tierarten ein Zuhause bietet. Hier könnt ihr entspannt spazieren und beobachten.

Flur Rabensleite, 07937 Zeulenroda-Triebes

Im Torten-Himmel in der Patisserie Bergmann

Ein Café wie dieses würde man in Paris oder in Lissabon vermuten, aber die Patisserie Bergmann befindet sich in dem kleinen Ort Stelzendorf und hier werden Thüringer Torten-Träume wahr! Das köstliche Frühstück und die hausgemachten Pralinen und Tortenkreationen sind weit über das Vogtland hinaus bekannt.

Stelzendorf 15, 07937 Zeulenroda-Triebes

Bio-Seehotel Zeulenroda

Das Hotel direkt am Zeulenrodaer Meer ist nicht nur erstklassig, sondern auch ausgesprochen kinderfreundlich. Hierfür sprechen zum Beispiel die schönen Spielplätze rund um das Hotel. Aber auch der Spa-Bereich kennt seine jungen Besucher sehr gut und bietet ihnen wundervolle Schaummassagen und entspannte Kinder-Wellness an. Außerdem findet ihr im Bio-Seehotel ein buntes Aktiv-Angebot für Kinder, ein richtig großes Schwimmbecken mit angrenzendem Kinder-Spielbereich und ein buntes Kinderbuffet. Ein Highlight: Zum Frühstück könnt ihr eure eigenen Waffeln backen. Die Zimmer sind geräumig und modern und bieten einen Ausblick auf den See oder Wald und Wiesen.

Bauerfeindallee 1, 07937 Zeulenroda-Triebes

TIPP
KLETTERPARK

In direkter Nachbarschaft zum Tierpark gibt es einen Kletterpark.
Am Martinsgrund, 07548 Gera

Tierpark Gera

Gar nicht mal so klein und trotzdem ziemlich fein: Der Geraer Tierpark ist einer dieser Orte, die es verstehen zu überraschen. Rund 70 Tierarten, darunter Löwen, Yaks, Mufflons und Elche leben in der Anlage, die durch viel Wald und Natürlichkeit überzeugt. Verschiedene begehbare Bereiche, darunter der Berberaffen-Wald, ein Streichelzoo und nicht zuletzt die beliebte Parkeisenbahn machen den Besuch im Tierpark Gera zu einem wunderbaren Erlebnis. Wenn ihr hier unterwegs seid, solltet ihr gut zu Fuß sein. Das Areal im Geraer Stadtwald weist etliche Höhenunterschiede auf und auch die Tiergehege sind auf unterschiedlichen Plateaus zu finden. Da wird das „Tiere gucken" automatisch zur (kinderfreundlichen) Wanderung. Tipp: In direkter Nachbarschaft zum Tierpark gibt es auch noch einen Kletterpark.

Straße des Friedens 85, 07548 Gera

Märchenwald Wünschendorf

Begebt euch auf eine nostalgische Reise in die Vergangenheit – im Märchenwald Wünschendorf. Dieses Kleinod im idyllischen Kamnitzgrund bietet euch nicht nur kostenfreien Ausflugsspaß, sondern ist obendrein auch noch echt nachhaltig. Denn die Figuren der einzelnen Märchenszenen, die hier mit viel Liebe zum Detail aufgebaut wurden und seit Jahrzehnten Kinderaugen zum Strahlen bringen, werden einzig durch die Wasserkraft des Kamnitzbaches in Bewegung gesetzt: natürlich funktional und dabei so herzerwärmend und magisch. Einen weiteren riesengroßen Pluspunkt bekommt dieses Ausflugsziel für den Umstand, dass es mit der „Märchenwaldbaude" sogar eine Einkehrmöglichkeit vor Ort gibt.

Fuchstalstraße 14, 07570 Berga-Wünschendorf

TIPP

BOOTSTOUR

Am Gasthof „Zum Klosterhof" in Cronschwitz könnt ihr von April bis September ein Boot leihen, um über die Weiße Elster zum Märchenwald zu schippern.

Residenzschloss Altenburg

Altenburger Land

Im Osten Thüringens, an der Grenze zu Sachsen, befindet sich das Altenburger Land. Hier erwartet euch ein Zoo auf einer Insel, ein Schloss voller Spielkarten und der Traum vom Fliegen.

Burg Posterstein

Wusstest du, dass ...

350.000

Exponate sind im Naturkundemuseum Mauritianum zu finden.

230

Meter lang ist der Marktplatz in Altenburg, sodass hier 19 LKW hintereinander stehen könnten

1509

wurde der erste Kartenmacher in Altenburg in einer Urkunde erwähnt.

1.000

Jahre soll die Eiche im Ortsteil Nöbdenitz sein und zählt zu Deutschlands mächtigsten Eichen.

1813

wurde das Spiel „Skat" in Altenburg erfunden, weswegen die Stadt auch „Skatstadt" heißt.

800

Jahre ist die Burg Posterstein.

WISSEN

Im 15. Jahrhundert besaß die Familie Puster die Burg „Stein". Von ihr stammt der heutige Name der Burg und des Ortes Posterstein.

Burg Posterstein

Ein Abenteuertag auf der Burg Posterstein

Wenn ihr auf die Burg Posterstein zufahrt, kommt ihr durch das gleichnamige Dorf – ein so hübsches Örtchen, dass ihr es sicher am liebsten in Schrittgeschwindigkeit durchqueren möchtet. Später könnt ihr hier einkehren.

Familienausstellung

Doch zunächst wartet das Erkunden der Burg Posterstein auf euch mit ihrer Familienausstellung „Die Kinderburg". Der Name verspricht viel und hält alles! Testet gemeinsam mit den Kindern, wie schwer eigentlich so ein Kettenhemd oder ein Ritterhelm sind. Erfahrt, was Burgherrin, Burgherr, Mägde und Knechte je für eine Rolle auf der Burg hatten, und was man als Kind früher so gespielt hat.

Die Kinderburg

Die Ausstellung macht nicht nur das Leben auf der Burg erlebbar, sondern auch die Geschichte der Region begreiflich. Hier wird es niemandem langweilig und alle gehen mit spannendem Wissen nach Hause.

Burgberg 1, 04626 Posterstein

Tipps zur Einkehr

Café Zur eisernen Bank

Direkt an der Burg befindet sich das Café Zur eisernen Bank, das nach deren Besichtigung mit Kakao und Kuchen lockt.

Burgberg 1, 04626 Posterstein

Hotel Zur Burg

Im Dorf Posterstein befindet sich das Hotel Zur Burg mit Blick auf die selbige, toller Kinderkarte und einer schönen Speiseauswahl.

Dorfstraße 15, 04626 Posterstein

Hängebrücke auf dem Wassererlebnispfad Sprotte

Wassererlebnispfad Sprotte

Kinder sind nicht immer so leicht für das Wandern zu begeistern. Doch bei einem Weg wie diesem werden sie euphorisch die Stiefel schnüren. Der **„Wassererlebnispfad Sprotte"** führt euch von der Burg Posterstein bis nach Schmölln. Entlang des Bachs „Sprotte" erwarten euch insgesamt 13 interaktive Stationen und Aktivitäten, die spielerisch dazu einladen, mehr über das Leben am Wasser zu erfahren. Ihr könnt hier beispielsweise über Hängebrücken gehen, durch das Wasser waten oder auf Baumstämmen über den Bach balancieren. Treibt das alte Mühlrad an oder planscht am Matschplatz.

Entlang des Weges warten noch weitere Sehenswürdigkeiten, zum Beispiel das **historische Teehaus** am Nöbdenitzer Teich, das **Herrenhaus eines ehemaligen Ritterguts** und die **1000-jährige Eiche.** Der Weg führt euch bis in die „Knopfstadt" Schmölln. Hier lohnt sich ein Abstecher ins Regional- und Knopfmuseum am Stadtpark.

Auf einen Blick

- *9,8 Kilometer lang, kein Rundweg*
- *größtenteils asphaltiert und geringe Steigung, nicht barrierefrei*
- *Start: Burgberg 1, 04626 Posterstein*
- *Ziel: Sprottenager 2, 04626 Schmölln*

INSELZOO
Brücke zum
Inselzoo Altenburg

Deutschlands einziger Inselzoo

Inmitten des Großen Teiches in Altenburg befindet sich eine kleine Insel und auf der wiederum befindet sich ein winziger Zoo – der einzige Inselzoo in Deutschland!

Inselzoo Altenburg

Über eine Brücke gelangt ihr zum Eingang des Zoos. Am Automaten zahlt ihr den Eintritt, der wie der Zoo selbst ist: klein. Erwachsene zahlen gerade einmal 2,50 Euro und Kinder 1,50 Euro. Und dann geht die Entdeckungstour los. Erkundet das Affengehege, die Vogelvolieren und besucht die Erdmännchen. Besonders niedliche Inselbewohner sind die Minischweine, die ihr sogar bürsten könnt. Probiert es aus, sie werden vor Freude grunzen! Auch die Ziegen und Esel freuen sich über Streicheleinheiten, vor allem aber über das Futter, das ihr an den Automaten bekommt. Achtet vor eurem Besuch darauf, genügend 10 Cent-Münzen einzustecken, die werdet ihr für die Futter-Automaten brauchen.

Bootstour auf dem Großen Teich in Altenburg

Wenn ihr mit dem Entdecken des Inselzoos fertig seid, muss das Abenteuer noch nicht vorbei sein. Leiht euch doch ein Boot aus und schaut euch die tierischen Bewohner der Insel vom Wasser aus an. Mit dem Ruderboot oder dem Tretboot könnt ihr nicht nur den Zoo umrunden, sondern auch das Stadtpanorama aus einer ganz besonderen Perspektive genießen.

Teichpromenade 31, 04600 Altenburg

Marionettentheater im Komödiantenhof

Bereits in siebter Generation erweckt die Familie Dombrowsky Puppen mit ihren Geschichten zum Leben. Taucht mit euren Kindern in die fantastische Welt des Theaters und der Märchen ein. Die historische Bühne mit ihrer zauberhaften Atmosphäre und den kunstvollen Marionetten bietet eine einzigartige Erfahrung. Die Stücke sind speziell für Kinder konzipiert und lassen euch in die Märchenwelt des „Gestiefelten Katers", zum Brunnen des „Froschkönigs" oder in den geheimnisvollen Wald zu „Rotkäppchen" reisen.

Am Feld 2, 04603 Nobitz

Naturkundemuseum Mauritianum

Was gibt es Spannenderes zu entdecken als die Welt, die uns umgibt? Im Naturkundemuseum Mauritianum kommen kleine und große Entdecker:innen der Natur auf die Spur. In den Ausstellungsräumen gibt es etwa prächtige Käfer oder auch Fossilien und Haifischzähne zu betrachten. Staunt über das blaue Dino-Ei oder die Eierschalen des größten Vogels, der jemals lebte. Die wechselnden Sonderausstellungen geben noch einen Anlass mehr, dem Naturkundemuseum in Altenburg mindestens einen Besuch abzustatten. Und der Eintritt ist sogar frei.

Parkstraße 10, 04600 Altenburg

studio – Die Kunstschule im Lindenau-Museum

Im „studioBAMBINI" können Kinder zwischen 2 und 5 Jahren erste Kunsterfahrungen sammeln und sich im Malen, Zeichnen, Klecksen und Kritzeln versuchen. Außerdem warten XXXL-Bausteine, eine Leseecke und ein Bällebad für die kreative Pause.
Die älteren Kinder, vom Grundschulalter aufwärts, können in Kursen und Workshops in den anderen „studioWerkstätten" kreativ werden. Sie können sich an verschiedenen Werkstoffen wie Holz, Papier und Ton probieren und gemeinsam mit Künstlerinnen und Künstlern eigene Ideen und Projekte entwickeln und umsetzen.

Kunstgasse 1, 04600 Altenburg

Farbküche

In der Farbküche stehen Graffiti-Kunst und Kreativität auf dem „Speiseplan"! Die Zutatenliste ist lang und bunt: Sprühdosen, Acrylfarben, Stifte in allen Variationen, Kreide und Kohle. Und die können auf all das drauf, was Farbe verträgt: Leinwände, Pappmaché- und Holzfiguren oder Textilien – in der Farbküche findet ihr alles, was ihr für euer nächstes Kunstwerk braucht. Zudem bietet der Kreativort ganz wundervolle Workshops, in denen Kinder beispielsweise lernen, wie man natürliche Farben aus Pflanzenextrakten, Gewürzen oder anderen Materialien herstellt. Und in regelmäßigen Ausstellungen und Führungen erfahren Kinder mehr über die Geschichte der Farben und ihre Verwendung und können die Werke anderer Künstler:innen bewundern und sich inspirieren lassen.

Moritzstraße 6, 04600 Altenburg

Historische Karten-
MACHERwerkstatt

Das Residenzschloss Altenburg mit KartenMACHERwerkstatt

An dem prunkvollen Schloss kommt ihr in Altenburg nicht vorbei. Zum Glück, denn dieser Besuch lohnt sich! Für das Schloss solltet ihr ein wenig mehr Zeit einplanen, denn hier gibt es einiges zu sehen.

Rein und rauf auf die Türme

So könnt ihr zum Beispiel zwei der ehemals sieben Türme des Schlosses besichtigen und euch damit auf eine kleine Zeitreise begeben. Den „Hausmannsturm" – eines der Wahrzeichen der Stadt – könnt ihr besteigen und über die Dächer Altenburgs bis ins 50 Kilometer entfernte Leipzig schauen. Im Inneren des „Flaschenturms" befindet sich ein riesiges 360-Grad-Panorama. Auf 20 Metern Breite und 6 Metern Höhe könnt ihr Sehenswürdigkeiten aus Mitteldeutschland bestaunen: von Eisenach über Altenburg, Leipzig und Dresden bis in die Sächsische Schweiz. Durch die Licht- und Klanginstallationen bekommt ihr das Gefühl, als würde das Panorama lebendig sein. Ein richtiges Erlebnis!

Das erste Spielkartenmuseum der Welt

Auch die Besichtigung des Schlosses selbst lohnt sich! Hier findet ihr nicht nur das Schlossmuseum, sondern auch das erste Spielkartenmuseum der Welt. Wer Altenburg besucht, der wird früher oder später auch den Spielkarten begegnen. Die gehören untrennbar zur Stadt, denn schließlich wurde das berühmte Kartenspiel „Skat" hier erfunden.

KartenMACHERwerkstatt

Und wenn ihr bestens über die Spielkarten Bescheid wisst, wird es Zeit, selber Hand anzulegen. In der KartenMACHERwerkstatt könnt ihr mit euren Kindern nicht nur erfahren, wie Spielkarten traditionell hergestellt wurden, ihr könnt auch selbst einen Kartenbogen drucken. Entwerft eure ganz eigene Herz-Dame oder den Karo-Buben digital und lasst die Motivplatte am 3D-Drucker entstehen. Anschließend wird es wieder traditioneller: Mit richtig echter Druckerschwärze entsteht euer eigener Kartenbogen. Und die Erinnerung gibt es obendrein mit für zu Hause.

Schloß 2–4, 04600 Altenburg

WISSEN

Die Küken des Straußes können bis zu einen Zentimeter pro Tag wachsen. Er ist der größte Laufvogel der Erde und kann bis zu 70 km/h schnell rennen.

Straußenfarm Burkhardt

Etwa 20 Autominuten von Altenburg entfernt befindet sich die Straußenfarm Burkhardt. Hier lebt die Familie mit etwa 60 ausgewachsenen Straußen und noch einmal so vielen Jungtieren, die ihr – mit gebührendem Abstand – besuchen und bestaunen könnt. Und auf dem weitläufigen Gelände gibt es noch mehr zu entdecken: etwa den Streichelzoo mit den Hängebauchschweinen Mampfi und Stampfi, zahmen Ziegen und Hühnern. Lasst eure Kinder zu einer Erkundungstour mit dem Trettraktor losziehen und stöbert so lange im Hofladen, wo es natürlich Straußenprodukte, aber auch regionale Leckereien zu kaufen gibt.

Übernachtungstipp

Ferienwohnungen auf der Straußenfarm
Auf der Straußenfarm Burkhardt könnt ihr auch in einer der hellen und gemütlichen Ferienwohnungen übernachten und damit euer Abenteuer verlängern.
Hartha 21, 04626 Schmölln

Erholungspark Pahna

Wald, Wasser, Natur – die perfekten Zutaten für einen herrlichen Urlaubsort oder einen entspannten Sonntagsausflug. All das findet ihr im Erholungspark Pahna – dem Campingplatz direkt am Ufer des Pahna-Sees. Die Stellplätze bieten Platz für Zelte, Wohnwagen oder Wohnmobile. Die Sanitäranlagen sind modern und gepflegt und es gibt auch einen Waschsalon. Für diejenigen, die das Campingleben lieben, aber auf den Komfort nicht verzichten möchten, gibt es auch Mietunterkünfte wie Bungalows und Wohnwagen und ihr könnt sogar in einem „Camping-Fass" übernachten – klein und sehr gemütlich.
Im und am See könnt ihr schwimmen, tauchen und angeln. An Land lädt der nahe gelegene Wald zu einer Wanderung und die Wege rund um den See zu einer kleinen Fahrradtour ein. In der Gaststätte „Seeblick" könnt ihr euch anschließend ganzjährig stärken.

Zeltplatz, 04617 Fockendorf

Schon einmal in einem Holzfass übernachtet?

Flugwelt Altenburg-Nobitz

Einmal einen Blick in das Cockpit eines echten Flugzeuges werfen, das wäre doch fantastisch! In der Flugwelt Altenburg-Nobitz könnt ihr das tun. Am besten beginnt ihr eure Entdeckungen im Museum der Flugwelt. In den Ausstellungsräumen lernt ihr zunächst einmal die Geschichte des Flugplatzes Altenburg-Nobitz kennen und erhaltet viele spannende Einblicke in die Welt des Fliegens. Entdeckt Modellflieger, Uniformen von Piloten und viele andere spannende Ausstellungsstücke. Und lernt von Raum zu Raum kennen, wie der Traum vom Fliegen für die Menschheit plötzlich wahr wurde. Auf dem Außengelände werdet ihr dann so richtig ins Staunen geraten. Hier stehen alte Flugzeuge, Segelflieger und Hubschrauber, die ihr aus nächster Nähe betrachten könnt. Zwei der großen Flugzeuge sind sogar begehbar und ihr könnt euch hier ganz in Ruhe umsehen – vom Heck bis nach vorne ins Cockpit. Ehrenamtliche Mitglieder des Flugvereins liefern dazu spannendes Wissen.

Am Flughafen 3, 04603 Nobitz

LIEBE ERWACHSENE, FANGT WIEDER AN ZU STAUNEN! UND LIEBE KINDER, VERLERNT NIE DIE KLEINEN WUNDER ZU SCHÄTZEN, DIE EUCH UMGEBEN!

DENN WAS WIR KENNEN, LIEBEN WIR. UND WAS WIR LIEBEN, SCHÜTZEN WIR. UND DIE WELT KANN EINE EXTRA PORTION LIEBE GEBRAUCHEN.

ROSA KROKODIL
ABENTEUER MANIFEST

Kyffhäuser-
Denkmal

Kyffhäuser

Im Norden Thüringens und südlich des Harzes erhebt sich das kleine Mittelgebirge Kyffhäuser. Mit seiner artenreichen Natur und seiner unverwechselbaren Geschichte gibt es hier viel zu erkunden.

Kyffhäuser-
Denkmal

Wusstest du, dass ...

176

Meter tief ist der Brunnen des Kyffhäuser-Denkmals, der tiefste Burgbrunnen der Welt.

230

Sorten Obst wachsen im Naturpark Kyffhäuser (davon 130 Apfelsorten).

3.000

Figuren sind auf dem riesigen Gemälde im Panorama Museum zu finden.

306

Stufen führen hoch zum Kyffhäuser-Denkmal.

20

der 24 in Deutschland lebenden Fledermausarten kommen im Naturpark Kyffhäuser vor.

81

Meter hoch ist das Kyffhäuser-Denkmal, eines der höchsten Denkmäler Deutschlands.

Ein Abenteuertag am Kyffhäuser

Kaiser Wilhelm I. als stolzer Reiter auf seinem prächtigen Ross, darunter der alte Kaiser Friedrich, besser bekannt als Barbarossa: Das sind die wichtigsten Figuren des Kyffhäuser-Denkmals und über beide werdet ihr bei eurem Besuch eine Menge lernen. Auch dank der beiden Detektive Barba und Rossa, mit denen ihr gemeinsam sechs knifflige Rätsel lösen könnt, um am Ende sogar einen Tresor zu öffnen. Außerdem solltet ihr unbedingt den Brunnengeist besuchen. Der wohnt ganz unten, im tiefsten Burgbrunnen der Welt! Hier könnt ihr einen Stein die ganzen 176 Meter hinunter plumpsen lassen und anhören, was der Brunnengeist dazu zu sagen hat.

Reichsburg Kyffhausen & Kinderführung

Besichtigt auch die Reste der riesigen alten Burganlage, die einst 600 Meter lang war. Im Museum bekommt ihr einen Eindruck davon, wie die Reichsburg einst aussah. Ein besonderes Schmankerl ist die Kinderführung mit dem Ritter Gerwig. Er kennt die lustigsten Geschichten und die besten Geheimnisse.

Erlebnisspielplatz

Der fantastische Spielplatz auf dem Denkmal wird die Herzen eurer Kinder im Sturm erobern! Hier können eure Minis selbst Ritter und Königin spielen. Dankenswerterweise befindet sich genau gegenüber ein Café, sodass ihr Erwachsenen euch im besten Falle mit Kaffee und Kuchen in die Sonne setzen und den Kindern beim Kindsein zusehen könnt.

Anreise

Wer eine sportliche Herausforderung sucht und den Naturpark am Kyffhäuser in Gänze genießen möchte, der kann komplett wandern. Von Tilleda aus sind es etwa 3 Kilometer und 300 Höhenmeter. Mit dem Auto kommt ihr ans Denkmal sehr nah heran. Doch die letzten Meter geht es dann zu Fuß den Berg hinauf, das solltet ihr für euren Besuch einplanen. Insgesamt erwarten euch 306 Stufen, doch jede einzelne Stufe ist es wert, denn die Aussicht vom Kyffhäuser-Denkmal ins weite Land ist atemberaubend schön.

Kyffhäuser 1, 99707 Kyffhäuserland

TIPP

BARBAROSSA-HÖHLE

Wenn ihr mit einer großen Gruppe von mehr als 15 Personen anreist, solltet ihr euch vorher anmelden.

Barbarossahöhle

Die sagenumwobene Barbarossahöhle

Es ranken sich viele Mythen um die Barbarossahöhle, doch faszinierend ist sie auch ganz ohne Sagen. Bevor ihr die Höhle erkundet, empfehlen wir einen Stopp im Besucherzentrum. Anschaulich können hier sowohl Kinder als auch Erwachsene entdecken, wie sich die Höhle unterhalb der Erde erstreckt und wie sie entstanden ist.

Führungen in der Barbarossahöhle

Zu jeder vollen Stunde beginnen die Führungen in der Höhle. Der Anblick ist spektakulär. Die großen Gipsplatten hängen schwer von der Decke, als würden dort riesige Schwämme wachsen. Der Besucherweg führt euch auf sicheren Pfaden durch die Höhle. Es geht vorbei an unterirdischen Seen und seltenen Gesteinen, die auf der Tour im wahrsten Sinne des Wortes genau beleuchtet werden.

Erlebnisspielplatz an der Barbarossahöhle

Zurück im Tageslicht wird es höchste Zeit für einen Besuch auf dem Spielplatz. Zum langen Zuhören und Aufmerksamsein ist das nun genau der richtige Gegenpart. Auf diesem liebevoll gestalteten Spielplatz gibt es viele märchenhafte Elemente rund um den Kaiser Barbarossa, die euch verzaubern werden.

Mühlen 6, 99707 Kyffhäuserland

WISSEN
BARBAROSSA-SAGE

Natürlich begegnet ihr auch dem verlassenen Thron von Kaiser Barbarossa. Laut der Sage soll der verehrte Kaiser Friedrich, der aufgrund seines roten Bartes den Namen Barbarossa (Rotbart) trug, nie gestorben sein, sondern in einem Bergschloss ruhen.

Dort sitzt er auf einem steinernen Thron und wenn sein Bart dreimal um den Tisch gewachsen ist und die Raben nicht mehr um den Berg fliegen, wird er emporsteigen.

Als die Höhle 1865 zufällig bei Bergbauarbeiten entdeckt wurde, existierte die Sage bereits. Auf der Führung erfahrt ihr die ganze Geschichte zur Entdeckung der Höhle und natürlich auch zum Kaiser Barbarossa. Etwa eine Stunde solltet ihr dafür einplanen.

Goethe Chocolaterie

Hier könnt ihr euch nicht nur mit köstlichen handgemachten Pralinen und Schokoladen eindecken, ihr könnt auch bei der Herstellung zuschauen oder gar selbst zu Pralinen-Macher:innen werden (dafür müsst ihr euch vorher anmelden). Danach empfehlen wir euch eine Tasse Kaffee und hausgebackenen Kuchen, während die Kinder draußen die Häschen füttern oder auf dem schönen Spielplatz tollen.

Gewerbegebiet 13, 06578 An der Schmücke

Königspfalz Tilleda

Die Königspfalz Tilleda unterhalb des Kyffhäuser Denkmals war der mittelalterliche Sitz des Königs. Heute ist es ein Freilichtmuseum, in dem ihr das Leben vor 1.000 Jahren nachempfinden könnt. Am Originalstandort wurden Teile der Wehranlagen, Wohnhäuser, Werkstätten etc. rekonstruiert. Wie haben die Menschen sich im Mittelalter verteidigt? Was waren ihre Berufe? Wie haben sie Häuser gebaut, wie gelebt und wie gespielt? Bei einem Rundgang durch die Königspfalz könnt ihr diesen Fragen auf die Spur kommen.

Ernst-Thälmann-Straße 4c, 06537 Kelbra

Modellbahn Wiehe

Die Modellbahn Wiehe ist ein Paradies für kleine und große Eisenbahnfans. Auf über 12.000 Quadratmetern findet ihr eine der größten Modellbahnausstellungen der Welt! Hier erwarten euch liebevoll gestaltete Landschaften und beeindruckende Nachbildungen von Städten aus aller Welt. Folgt beispielsweise dem Orientexpress – dem berühmtesten Zug aller Zeiten – von London nach Istanbul. Neben den zahlreichen Bahnanlagen findet ihr hier auch thematische Bereiche wie Märchenwelten und die Nachbildung berühmter Sehenswürdigkeiten.

Am Anger 19, 06571 Roßleben-Wiehe

Erkundet eine der weltweit größten Modellbahnen.

WISSEN

Die Leinwand, die Werner Tübke bemalt hat, ist 14 Meter hoch, 123 Meter lang und zeigt mehr als 3.000 Figuren.

Panorama Museum

Hoch über Bad Frankenhausen thront das Panorama Museum, das ein mancher Schelm aufgrund seiner Form als „Elefantenklo" betitelt. Doch Spaß beiseite, dieses Museum ist wahnsinnig imposant. Mittelpunkt ist eine riesige Leinwand, die den Bauernkrieg in Deutschland darstellt. Klingt im ersten Moment nicht wie ein Ausflugsziel für Kinder, doch für die jungen Besucher gibt es einen Audio-Guide, der dieses Meisterwerk sehr kindgerecht erläutert. Die Führung via Guide dauert etwa eine halbe Stunde. Wenn ihr Erwachsenen parallel die kurze Version der Audio-Führung startet, seid ihr gleichzeitig mit euren Kindern fertig. Und ihr könnt sicher sein, dass euren Kindern gewiss ganz andere Dinge aufgefallen sind als euch. Oder habt ihr Till Eulenspiegel unter all den Figuren entdeckt? Wir empfehlen den Besuch für Kinder ab 6 Jahren.
Am Schlachtberg 9, 06567 Bad Frankenhausen/Kyffhäuser

Hängebrücke Hohe Schrecke

WISSEN

180 Meter lang, 85 Zentimeter schmal und 25 Meter hoch über dem Tal: Die Hängeseilbrücke über dem Bärental ist eine Attraktion.

Wanderwege im Naturpark Kyffhäuser

Der riesige Naturpark Kyffhäuser bietet euch abwechslungsreiche Rad- und Wanderwege, die bestens ausgeschildert sind.

Hohe Schrecke

Im Naturpark Hohe Schrecke unweit von Bad Frankenhausen findet ihr eine 180 Meter lange Hängeseilbrücke, die eure Wanderung mit einer Prise Nervenkitzel würzt. Sie überspannt das Bärental und bringt euch auf den Urwaldpfad. Der „Enzian Wiesenweg" führt über Streuobstwiesen und lichte Laubwälder bis zur Hängeseilbrücke und durch den Wald wieder zurück.

Auf einen Blick

- *Start/Ziel: Wanderparkplatz – Heidelbergstraße 1, 06577 Heldrungen – Braunsroda*
- *„Enzian-Wiesenweg" 7 km Rundweg*
- *Wichtig: Einkehr und Sanitäranlagen findet ihr am Wanderparkplatz*
- *Dauer: etwa 2 Stunden*

Familienwanderweg Rabenswald

Dieser Rundweg ist speziell für Familien gebaut und hält viele Entdeckungen bereit. Ihr wandert durch den alten Laubwald und kommt dabei zu zahlreichen Spiel- und Lern-Elementen rund um die Themen Natur, Köhlerei und Glashütte. Entdeckt die alte Burgruine des Grafen von Rabenswalde und den kleinsten Baumkronenpfad Deutschlands.

Auf einen Blick

- *Start/Ziel: Im Leintal, 06571 Roßleben-Wiehe*
- *6 km Rundweg*
- *Wanderweg ist nicht barrierefrei*
- *Dauer: etwa 2 Stunden*

Kyffhäuser-Therme

Je nach Saison steht nun Badespaß auf dem Programm. An grauen und kalten Tagen könnt ihr euch in der Kyffhäuser-Therme aufwärmen. Und während die Kinder wieder und wieder die Röhrenrutsche hinabsausen, können sich die Erwachsenen im Thermalbecken entspannen oder sogar eine Runde in der Sauna schwitzen.

August-Bebel-Platz 9, 06567 Bad Frankenhausen/Kyffhäuser

Solewasser-Vitalpark

Bei wärmeren Temperaturen solltet ihr dem Solewasser-Vitalpark einen Besuch abstatten. Mitten in der hübschen Altstadt gelegen, findet ihr das Freibad von Bad Frankenhausen. Hier erwartet euch nicht nur Spaß im Wasser, sondern auch an Land mit verschiedenen Fitnessgeräten, Barfußparcours und Minigolfanlage.

Am Quellgrund 14, 06567 Bad Frankenhausen/Kyffhäuser

Übernachtungen für Familien

Natürlich gehört zu einem Wochenendbesuch auch eine gescheite Übernachtung dazu, die alle Familienmitglieder fröhlich stimmt.

1

Apartmenthaus Alter Ackerbuergerhof
Das Familienapartment im „Alten Ackerbuergerhof" eignet sich perfekt für einen schönen Kurzurlaub mit der Familie. Das Apartmenthaus war mal ein Wohnhaus, liegt mitten in der Innenstadt und gegenüber des Solewasser-Vitalparks. Es bietet alles, was eine Familie zum (Kurz-)Urlaub braucht.

Kurstraße 18, 06567 Bad Frankenhausen/Kyffhäuser

2

Reiterhof und Pension Nucke
Wenn ihr den Kleinstadt-Besuch mit Bauernhof-Feeling kombinieren möchtet, dann seid ihr auf dem Reiterhof Nucke an der richtigen Adresse. Auf dem Hof leben Pferde, Hunde und Katzen. Ihr könnt zwischen verschiedenen Ferienwohnungen und Ferienhäusern wählen und in der alten Scheune befindet sich sogar eine kleine Wellnessoase.

Gerhart-Hauptmann-Straße 19, 99706 Sondershausen

3

Ferienwohnung Scheune 65
Stylisches Apartment, große Terrasse und ein wunderschöner Blick auf die Stadt. Das spricht euch an? Dann seid ihr in der Scheune 65 richtig aufgehoben.

Frauenstraße 65, 06567 Bad Frankenhausen/Kyffhäuser

Südharz

Um den Harz ranken sich viele Sagen und Geschichten. Die Region ist seit jeher faszinierend, unter Wanderern absolut beliebt und auch für Familien hält sie so einige Schmankerl bereit.

Schloss Sondershausen

Wusstest du, dass ...

1.142

Meter hoch ist der Brocken und damit der höchste Gipfel Norddeutschlands.

10

Fußballfelder groß ist der Affenwald in Straußberg.

307

Nebeltage zählt der Brocken und ist damit Spitzenreiter in Europa.

8.600

verschiedene Rosensorten blühen im Rosarium.

500

Quadratmeter groß ist das größte Hüpfkissen Deutschlands auf dem Possen.

2.000

Kilogramm wiegt die Goldene Kutsche im Schloss Sondershausen.

Hochseilgarten
auf dem Possen

Ein Abenteuertag auf dem Possen

Dieser Freizeitpark kommt ganz ohne Achterbahnen aus und bringt trotzdem ordentlich Schwung in einen gemeinsamen Familiennachmittag. Inmitten der idyllischen Landschaft des Kyffhäusergebirges gelegen, ist der Park ein wahres Paradies für Kinder und Erwachsene. Schon bei der Ankunft begeistert der weitläufige Abenteuerspielplatz mit spannenden Klettergerüsten, Seilbahnen und Schaukeln. Besonders der Matschspielplatz und der große Strohturm, von dem man in selbiges hüpfen kann, haben es den Kindern angetan.

Deutschlands größtes Hüpfkissen

Eure Kinder mögen Hüpfburgen? Dann werden sie hier voll auf ihre Kosten kommen. Die bunten Springburgen stehen in verschiedenen Ausführungen auf dem Possen und ganz nebenbei auch das größte Hüpfkissen, das man in Deutschland finden kann.

Hochseilgarten

Für alle, die Action suchen, sorgt der Hochseilgarten mit verschiedenen Schwierigkeitsstufen für Nervenkitzel. Für jüngere Kinder geht es im Kletterwald mittelhoch hinaus, ältere Kinder können sich im Hochseilgarten bis in die Baumwipfel schwingen. Danach können sich alle beim Ziegen-Streicheln im angrenzenden Tierpark, der kostenlos zugänglich ist, wieder entspannen.

Einkehr & Picknick

Die vielen Picknickplätze bieten sich wunderbar für eine selbst mitgebrachte Brotzeit an. Das Restaurant Jagdschloss mit einem schönen Biergarten für die Sommermonate sorgt dafür, dass niemand hungrig oder durstig nach Hause fahren muss.

Der Possenturm

Und wenn ihr schon einmal hier seid, dann steigt die über 200 Stufen des Possenturms hoch! Dieses beeindruckende Bauwerk – übrigens der älteste und höchste Fachwerk-Aussichtsturm in Europa – könnt ihr für 1 Euro Eintritt erklimmen. In 42 Metern Höhe erhaltet ihr einen sagenhaft schönen Ausblick über den Südharz bis hin zum Brocken.

Auf dem Possen 1, 99706 Sondershausen

Affenwald

Das „Juch's" ist nur wenige Autominuten vom Affenwald entfernt. Hier gibt es vielfältige Gerichte, hausgemachtes Eis und einen schönen Freisitz mit kleinem Spielplatz.

Affenwald & Sommerrodelbahn Straußberg

Bei diesem Ausflug werdet ihr tierischen Spaß haben – wortwörtlich! Der Affenwald Straußberg ist ein **Wildgehege,** das ihr nicht von außen betrachtet, sondern durch das ihr hindurch spazieren könnt. Und es wird nicht lange dauern und ihr werdet den ersten Affen begegnen. Sie flitzen über die Wege, hangeln sich durch die Baumwipfel oder setzen sich ganz frech in den Kinderwagen von Besuchern. Die Berberaffen, Kattas und Schwarzweißen Varis könnt ihr im Affenwald ganz nah beobachten und vielleicht habt ihr Glück und seid bei der Fütterung dabei. Dann kommt richtig Bewegung in den Wald!
Apropos Bewegung: Der Spaß endet am Ausgang des Affenwaldes noch nicht. Denn nun könnt ihr auf der angrenzenden **Sommerrodelbahn** ganze 760 Meter durch den Wald fahren.

Unterer Straußberg 6, 99706 Sondershausen / OT Straußberg

Entdeckt die größte Rosensammlung der Welt.

Europa-Rosarium Sangerhausen

Die weltweit größte Rosensammlung findet man nicht etwa in einer englischen Grafschaft – oh nein – ihr findet sie in Sangerhausen. Das Europa-Rosarium ist nicht nur für große Blumenliebhaber einen Ausflug wert, sondern auch für die Kleinen. Der Park ist wunderschön angelegt. Die Hauptblütezeit liegt zwischen Juni und Juli, doch auch davor und danach erwarten euch eine wahre Farbenpracht und betörende Düfte. Gemeinsam mit der Brockenbande (einer Detektivbande, die euch an vielen familienfreundlichen Orten im Harz begegnet) gibt es ein richtig kniffliges Rätsel zu lösen, was selbst Erwachsene zum Grübeln bringt. Die Rätselhefte dazu erhalten eure Kinder kostenlos am Eingang. Dem schönen Spielplatz im Rosengarten solltet ihr auch einen Besuch abstatten.

Am Rosengarten 2A, 06526 Sangerhausen

Schlossmuseum Sondershausen

Das Schloss, das über Sondershausen thront, bietet alles, was man von einem Schloss erwartet: Ahnengalerien, prunkvolle Säle und Ritterrüstungen. Auch findet ihr hier eine Ausstellung zur Geschichte des Bergbaus, der eng mit der Region verwoben ist. Was die Kinder bestimmt noch mehr begeistern wird, sind die Sammlungen zur Ur- und Frühgeschichte, zur Natur und zur Region. All diese Sammlungen befinden sich in der oberen Etage. Teilweise gibt es sogar kleine Mitmachstationen für Kinder. Die sind zwar recht simpel, aber für ein Alter zwischen Vor- und Grundschule sehr effektvoll. Die Goldene Kutsche im Erdgeschoss bietet einen echten „Wow-Moment"!

Schloss 1, 99706 Sondershausen

TIPP
LECKEREIEN

Unterhalb des Schlosses könnt ihr in der „Alten Wache" noch ein richtig leckeres Softeis schlecken.

TIPP
BAHNFAHRT

Die Fahrten mit der Harzer Schmalspurbahn sind im Deutschlandticket enthalten.

Harzer Schmalspurbahn

Schmalspurbahn fahren

Eine Fahrt mit der Harzer Schmalspurbahn ist etwas ganz Besonderes. Sie führt euch durch die malerische Landschaft des Harzes und bietet dabei nostalgisches Dampflok-Feeling. In Nordhausen könnt ihr in die schnaufende Lok steigen, die euch auf den Brocken bringt. Die Brockenbahn ist allerdings nur ein Teil des weitläufigen Streckennetzes der Harzer Schmalspurbahnen. Mit über 140 Kilometern verfügt sie über das längste Schmalspur-Streckennetz in Deutschland. Wenn ihr in Nordhausen einsteigt, dann steigt ihr entweder in „Drei Annen Hohe" um und fahrt von dort aus weiter bis zum Brocken …

Bahnhofsplatz 3a, 99734 Nordhausen

Abenteuerlicher Zwischenstopp: Löwenzahn-Entdeckerpfad

… oder ihr steigt dort aus – das ist unser Tipp – und erkundet den abenteuerlichen Löwenzahn-Entdeckerpfad in Drei Annen Hohe. Auf dem 1,2 Kilometer kurzen Rundweg erwarten euch zahlreiche Spiel-Stationen wie Löwenzahn-Memory, die Archimedische Schraube (durch deren Umdrehung das Wasser nach oben befördert wird) und ein hübscher Abenteuerspielplatz.

Bahnhof Drei Annen Hohne

** Ehlicherweise liegt der Löwenzahn-Entdeckerpfad nahe Wernigerode in Sachsen-Anhalt. Aber das Abenteuer ist zu cool, um an der Landesgrenze Halt zu machen.*

Ich liebe die Vielfal
unserer Welt.
Ich bin gern unterwegs.
Ich liebe Heimat &
Natur.

Ich mag Himbeereis & Thüringer Klöße.

Ich kann Abenteuer riechen.

„Ich habe ein Gespür für Abenteuer und bringe euch genau dorthin.“

ROSA KROKODIL

Ich bin mutig & hilfsbereit.

Ich bin 77 Feenzimeter groß.

Abbildungsnachweis

Der Verlag hat sich bemüht, alle Bildurheber:innen zu ermitteln. Sollte die Aufzählung unvollständig sein, bittet der Verlag um einen entsprechenden Hinweis.

Alle im Folgenden nicht aufgeführten Abbildungen wurden von der Rosa Krokodil GmbH aufgenommen.

ABLIG Feinfrost (165) / AHORN Hotels & Resorts (51) / Aktivpark Hohenfelden (163) / Altenburg Tourismus (217) / Andjoyandtravel (174) / Avenida Therme (162) / Blaurock, P. (194), Büttner, S. (216) / Canva: @bbsferrari (14); @Lovro77 (156); @Mickis-Fotowelt (196); @miljko (62); @olivwtti (33); @poiarkovaalfira (145); @Reiner (80); @Stefan1058 (242-243) / Christians, T. (206); Cava-Team (152) / commons.wikimedia, Heinz K. S. (130) / Community: Göhring, A. (239), Raubauken vom See; Jakob, L. (239) / Delf, Z. (25) / Dapper, T. (234) / Erfurt Tourismus und Marketing GmbH: mr-kartographie (17), Neumann, B. (21) / Fallier, W. (86, 87, 90-91, 92-93) / Fichtel, J. (18, 29, 52, 103, 127, 175, 205) / Heilwagen, C. (53) / Henning, A. (102) / Hentschel, P. (58) / Heymann, E. (4, 258), Hlavaty, O. (81) / Hofmann, M. (212, 213, 219, 222) / Hort, P. (134-135) / Jenaer Bäder und Freizeit GmbH (176) / Klassik Stiftung Weimar; Wagner, T. (153) / Klingele, Luca (158) / Lindenau-Museum (217) / Ludwig, M. (226-227) / Marionettentheater Dombrowsky (216) / Museum für Ur- und Frühgeschichte Thüringens (156) / Müller, F. (160) / Müller, S. (55, 57) / Oberhof - Sportstätten GmbH; Haberland, T. (50) / Outdoor Zentrum (54) / Pool, K. (203) / ROOM AG (166) / Residenzschloss Altenburg (218) / Rückschloß, D. (200) / Schelauske, Ch. (235, 238), Schmidt, M.F. (8-9) / Schröter, J. (139) / Schulz, K., Jena Kultur; Schulze, K. (170-171) / Seeber, A. (18, 26, 139, 145, 146, 147, 179, 184-185, 248-249) / Sieland, T. (114-115) / Sportwelt Oberhof (56) / Stadtverwaltung Erfurt (15, 19, 26, 29)/ Stadtverwaltung Erfurt; Guertler, V. (12) / TFLM Hohenfelden (162) / Theilig, S. (202, 204) / Trykowski, F. (88-89) / TTG, Kellermann, R. (63) / TTG, Michel, A. (82) / TWZ (52,53) / Vu, L. (22) / Waldbahn-Gotha (145) / Weingarten, A. (1, 34, 36, 51, 60, 61, 64, 65, 234, 241) / Wiegleb, D. (55) / wiki Creative Commons Slfch198 (197) / Wild, S. (50) / Zeit mit dir Fotoloft (38, 46, 116, 224)

Vervielfältigung

Genderneutralität im Text

Wir legen großen Wert auf eine inklusive und geschlechtergerechte Ansprache in allen Texten dieses Familienreiseführers. Wo immer möglich, verwenden wir genderneutrale Formulierungen, um allen Menschen gerecht zu werden.

Nachhaltigkeit

Dieses Buch wurde auf FSC® zertifiziertem Papier gedruckt und wurde durch einen Beitrag an einem Klimaschutzprojekt CO2-neutral kompensiert.

FSC www.fsc.org
MIX
Papier aus verantwortungsvollen Quellen
FSC® C104586

Druckproduktion mit finanziellem Klimabeitrag
ClimatePartner.com/10884-2503-1001

Impressum

1. Auflage 2025
©Rosa Krokodil GmbH
Johannisplatz 16, 99817 Eisenach

Konzept, Idee & Text: Isabell Espig, Jenny Seeber, Jessika Fichtel
Layout & Satz: Jenny Seeber
Lektorat: Gabi van Rey

Druck: druckhaus köthen GmbH & Co. KG, Köthen (Anhalt). Hergestellt in Deutschland.

Schriften: Josefin Sans, Ivy Presto, Adlery Pro Blockletter von Adobe Fonts

Bibliografische Information der Deutschen Nationalbibliothek: Die Deutsche Nationalbibliothek verzeichnet diese Publikation in der Deutschen Nationalbibliografie; detaillierte bibliografische Daten sind im Internet über www.dnb.d-nb.de abrufbar.

ISBN 978-3-911847-00-1

Kontakt zum Rosa Krokodil Verlag

E-Mail: kontakt@rosakrokodil.de
www.rosakrokodil.de

- Instagram: rosa.krokodil
- Tiktok: rosakrokodil
- Pinterest: rosakroki
- Youtube: Rosa Krokodil

Autorinnen

ISABELL ESPIG

Isabell Espig ist die Erfinderin vom Rosa Krokodil und Abenteuer-Expertin. Nach 16 Jahren in der weiten Welt kehrte sie in die Thüringer Heimat zurück und lebt mit ihrem Mann und ihren beiden Kindern im beschaulichen Eisenach. Hier entwickelt sie mit ihrem Team die Plattform und sammelt täglich neue Abenteuer für Familien.

JESSIKA FICHTEL

Geboren und aufgewachsen am Fuße der Wartburg verbindet Jessika Fichtel viele schöne Kindheitserinnerungen mit Thüringen. Ihre Liebe zum Freistaat drückt die Autorin u. a. in Form von Reiseführern aus. Jessika Fichtel studierte Germanistik und Journalismus in Magdeburg, schreibt seit 2015 freiberuflich und lebt mit ihrem Partner und ihren zwei Töchtern bei Eisenach.